T0198569

Laterales Führen

Stefan Kühl

Laterales Führen

Eine kurze organisationstheoretisch informierte Handreichung

Stefan Kühl

Metaplan
Quickborn, Deutschland

Universität Bielefeld
Bielefeld, Deutschland

ISBN 978-3-658-13428-0   ISBN 978-3-658-13429-7 (eBook)
DOI 10.1007/978-3-658-13429-7

Die Deutsche Nationalbibliothek verzeichnet diese Publikation in der Deutschen Nationalbibliografie; detaillierte bibliografische Daten sind im Internet über http://dnb.d-nb.de abrufbar.

Springer VS
© Springer Fachmedien Wiesbaden 2017

Lektorat: Katrin Emmerich, Jennifer Ott

Gedruckt auf säurefreiem und chlorfrei gebleichtem Papier

Springer VS ist Teil von Springer Nature
Die eingetragene Gesellschaft ist Springer Fachmedien Wiesbaden GmbH

Inhalt

Vorwort – Führung jenseits einer hierarchischen Steuerung

Es wäre naiv, Hierarchie generell als ein »auslaufendes Modell« zu beschreiben (Gebhardt 1991, S. 133) oder gar davon auszugehen, dass Hierarchien »abgerissen, auseinandergebaut und zerstückelt werden« (Peters 1993, S. 198). Weder die Konzepte der Lernenden Organisation und des Wissensmanagements noch die Überlegungen zur Dezentralisierung der Organisation haben den Hierarchien einen »Todesstoß« versetzt (siehe dazu Kühl 2015d, S. 125 ff.). Man kann mit guten Gründen davon ausgehen, dass es, solange es Organisationen gibt, auch Hierarchien geben wird. Kein Mechanismus scheint so gut geeignet zu sein wie die Hierarchie, wenn es darum geht, in Organisationen schnelle Entscheidungen zu treffen, permanente Machtkämpfe zu verhindern und Konflikte auf unteren Ebenen zu befrieden.

Manager haben jedoch zunehmend den Eindruck, dass hierarchische Steuerung in Entscheidungsprozessen nur begrenzt wirkt, und dafür scheint es Gründe zu geben. In den in einer Wertschöpfungskette anstehenden Kooperationen gibt es häufig nur noch begrenzte Möglichkeiten, in Konfliktfällen den Vorgesetzten einzuschalten. Denn je stärker die Hierarchien abgeflacht werden, desto weniger steht die Hierarchin oder der Hierarch zur Verfügung, um die Koordinationspro-

bleme zwischen Untergebenen mit einem »Machtwort« aufzulösen. In Kollektivorganen – man denke an Betriebsräte
oder Vorstände von Aktiengesellschaften – oder in Projekt-
gruppen mit Mitgliedern aus verschiedenen Abteilungen
muss auf eine hierarchische Koordination häufig mehr oder
minder verzichtet werden. Die »Leiter« – wenn es sie denn
überhaupt noch gibt – haben in der Regel nur eine koordi-
nierende Funktion und können Konfliktsituationen nicht mit
dem Verweis auf ihre herausgehobene hierarchische Stellung
auflösen. Besonders deutlich werden die Grenzen der hierarchischen Koordination in der Kooperation zwischen verschiedenen Organisationen: Häufig sind deren Mitarbeiter
gezwungen, eine Sache voranzubringen, ohne sicher sein zu
können, dass die Details ihrer Kooperation durch Verträge
geklärt sind oder gar ihre Vorgesetzten bereit sind, jedes kleine Problem am Rande einer Konferenz oder – um ein Kli-
schee zu bedienen – einer Golfpartie zu klären.

Das Konzept des *Lateralen Führens* greift diese Problema-
tik auf und entwickelt einen Führungsansatz jenseits der
Hierarchie. Der Begriff des *Lateralen Führens* – des Führens
zur Seite – mag auf den ersten Blick irritierend klingen, denn:
Wie kann man *führen,* wenn man keine Weisungsbefugnis
hat? Mit dem Begriff des Lateralen Führens wählen wir bewusst ein Oxymoron – eine Zusammenstellung aus zwei sich
widersprechenden Begriffen in einer rhetorischen Figur –, um
deutlich zu machen, dass es bei diesem Konzept darum geht,
zwei widersprüchliche Anforderungen miteinander in Ein-
klang zu bringen. Genauso wie der Begriff »bittersüß« darauf
verweist, dass eine Speise zwei entgegengesetzte Geschmacks-
nerven anspricht, ist das Besondere am Konzept des Lateralen
Führens, ohne hierarchische Weisungsbefugnis auszukom-
men, aber dennoch führen zu können.

Laterales Führen basiert – und dieser Gedanke ist zentral
für das Konzept – auf drei Mechanismen der Einflussnahme:

Verständigung, Macht und Vertrauen. Bei *Verständigung* geht es darum, die Denkgebäude des Gegenübers so zu verstehen, dass neue Handlungsmöglichkeiten erschlossen werden. *Vertrauen* wird aufgebaut, wenn eine Seite einseitig in Vorleistung geht (indem sie ein Risiko eingeht) und die andere Seite dies nicht für einen kurzfristigen Vorteil ausnutzt, sondern sich bei anderer Gelegenheit des Vertrauens würdig erweist. *Macht* spielt bei Lateralem Führen eine wichtige Rolle – nicht in der Form hierarchischer Anweisungen, sondern aufbauend auf anderen Machtquellen wie Kontrolle der internen, häufig informalen Kommunikation, Einsatz von Expertenwissen oder Nutzung von Kontakten zur Umwelt der Organisation (Kühl et al. 2004a).

Ziel dieses Buches ist es, das Konzept des Lateralen Führens in aller Kürze darzustellen, die bisherigen Erfahrungen zu resümieren und das Konzept anhand einiger zentraler Aspekte weiter voranzutreiben. Die Herausforderung besteht dabei darin, das klassische Schisma der Führungslehre zu vermeiden. Die eine – durch die klassische Betriebswirtschaftslehre geprägte – Richtung der Führungslehre hat sich stark auf die Formalstruktur der Organisation bezogen, darüber jedoch die informalen Mechanismen der Steuerung vernachlässigt. Die andere durch die Human-Relations-Schule geprägte Führungslehre, die sich früh schon für die Frage der »Führung durch Machtlose« interessiert hat, hat nur unzureichend die Rückbindung an die Formalstrukturen der Organisation gesucht. Auch wenn das Konzept des Lateralen Führens auf den ersten Blick Ähnlichkeiten mit dieser auf das Informale gerichteten Führungslehre hat, kann dieses Konzept doch nur dann seine volle Erklärungskraft entwickeln, wenn die Formalstruktur der Organisation in die Betrachtung mit einbezogen wird.

Im folgenden ersten Kapitel wird die Entwicklung des Konzeptes des Lateralen Führens nachgezeichnet, es werden verschiedene Anwendungsfelder dargestellt, und es wird nach Gründen für die Popularität des Konzeptes gesucht. Im zweiten Kapitel werden die drei zentralen Einflussmechanismen im Konzept des Lateralen Führens – Macht, Vertrauen und Verständigung – kurz in ihrer Wirkungsweise präsentiert. Im dritten Kapitel wird dann gezeigt, wie diese drei Einflussmechanismen zusammenhängen. In dem teilweise konfliktträchtigen Zusammenspiel dieser drei Mechanismen liegt meiner Meinung nach der Kern des Konzepts des Lateralen Führens. Dessen Möglichkeiten sind bisher aber nicht ansatzweise ausgeschöpft worden. Das vierte Kapitel widmet sich der Einbettung von Verständigungsprozessen, vertrauensbildenden Maßnahmen und Machtspielen in die formalen Strukturen von Organisationen. Laterales Führen ist ein Konzept, das erst einmal Handlungsmöglichkeiten eröffnet, ohne dass die formalen Strukturen eines Unternehmens, einer Verwaltung oder eines Verbandes grundlegend geändert werden müssen. Aber alles, was mit Lateraler Führung erreicht werden kann, hat einen Bezug zu den Formalstrukturen einer Organisation. Im fünften Kapitel geht es um den Einsatz des Konzeptes in Veränderungsprozessen – also beispielsweise bei der Entwicklung von Strategien oder bei der Neugestaltung von Organisationsstrukturen. Das Fazit im sechsten Kapitel gibt einen kurzen Überblick über weitere Entwicklungsmöglichkeiten des Konzepts.

Dieses Buch habe ich vorrangig für Praktiker in Unternehmen, Verwaltungen, Krankenhäusern, Universitäten, Schulen, Armeen, Polizeien, Parteien oder Vereinen geschrieben. Ich stütze mich bei der Darstellung der Vorgehensweise auf unsere langjährige Erfahrung bei der Begleitung von Veränderungsprozessen in Unternehmen, Ministerien, Verwaltungen, Universitäten, Krankenhäusern und Non-Profit-Organisationen.

Auch wenn das Buch aus der Praxis und für die Praxis geschrieben wurde, ist es mein Anspruch, dass die vorgestellten Überlegungen mit den modernen Ansätzen der Organisationstheorie abgestimmt sind. Sicherlich – man darf die grundlegend unterschiedlichen Denkweisen und Verwertungszusammenhänge von Organisationstheorie auf der einen Seite und Organisationspraxis auf der anderen Seite nicht missachten. Die Kluft zwischen Organisationswissenschaft einerseits und Organisationspraxis andererseits wird nicht grundsätzlich aufzuheben sein (siehe für die Management Studies Kieser und Leiner 2009; für die Organisationssoziologie Kühl 2003).

Es ist es jedoch mein Anspruch, diese in der Praxis erprobte Vorgehensweise so zu präsentieren, dass sie sich nicht sofort das mitleidige Lächeln einschlägiger Wissenschaftler einhandelt wegen eines vermeintlich verkürzten Organisationsverständnisses (siehe beispielhaft March 2015, S. 153 f.). An der einen oder anderen Stelle – zum Beispiel bei der Darstellung des Zusammenhangs von Macht, Vertrauen und Verständigung sowie bei der Diskussion des Verhältnisses von formaler und informaler Struktur – habe ich sogar den Anspruch, über den bisherigen Forschungsstand hinauszugehen, sodass auch für Organisationswissenschaftler vielleicht die eine oder andere Anregung in diesem Buch enthalten ist.

Dieses kleine Buch ist Teil einer Reihe, in der wir für Praktiker auf der Basis der modernen Organisationstheorie die Essentials zu zentralen Management-Themen darstellen. Neben diesem Band »Laterales Führen« sind auch noch Bücher zu den Themen »Strategien entwickeln«, »Organisationen gestalten«, »Leitbilder erarbeiten«, »Projekte führen« und »Märkte explorieren« erschienen. Diese Bücher können jeweils einzeln gelesen werden, wenn man als Praktiker oder Praktikerin mit einer spezifischen Problemstellung in seiner Organisation konfrontiert ist. Die Bücher sind aber so aufeinander abgestimmt, dass sich bei der Lektüre ein kohärentes, abgestimmtes Bild von der Funktionsweise von Organisationen und den Einflussmöglichkeiten darauf ergibt. Weil wir diese Bücher in einem Guss konzipiert haben, werden aufmerksame Leserinnen und Leser in allen Büchern dieser Reihe immer wieder verwandte Gedankengänge und ähnliche Formulierungen finden. Diese Überschneidungen werden bewusst eingesetzt, um die Einheitlichkeit des zugrunde liegenden Gedankengebäudes und die Verbindungen zwischen den verschiedenen Büchern hervorzuheben.

Wir halten nichts davon, Texte für Manager und Berater mit einer Ansammlung von Bullet Points, Executive Summaries, grafischen Darstellungen des Textflusses oder gar mit Übungsaufgaben zu »vereinfachen«. In den meisten Fällen werden die Leserinnen und Leser dadurch infantilisiert, weil suggeriert wird, dass sie nicht in der Lage seien, ohne diese Hilfsmittel die zentralen Gedanken aus einem Text herauszuziehen. Wir nutzen in diesem Buch – genauso wie in allen anderen unserer Bücher in der Essentials-Reihe – deswegen neben einigen sehr sparsam eingesetzten Grafiken lediglich ein einziges Element, das die Lektüre erleichtert: In kleinen Kästen führen wir einerseits Beispiele an, die unsere Gedanken konkretisieren, und andererseits nutzen wir die kleinen Kästen dafür, um ausführlicher Anschlüsse an die Organisationstheorie zu markieren. Wer wenig Zeit hat oder sich für diese Aspekte nicht interessiert, kann auf die Lektüre dieser Kästen verzichten, ohne dabei den roten Faden zu verlieren.

Das Buch baut auf verschiedenen in Praktikerzeitschriften (Kühl et al. 2004a; Kühl et al. 2004b; Kühl und Schnelle 2009) und in Sammelbänden (Kühl und Schnelle 2003; Kühl und Schnelle 2005; Kühl und Matthiesen 2012) erschienenen Artikeln auf, in denen wir das Konzept des Lateralen Führens ausgearbeitet haben. Das Verhältnis von Organisationstheorie und Organisationspraxis im Konzept des Lateralen Führens haben wir in einem eigenen Artikel ausführlich reflektiert (Kühl 2009). Die organisationstheoretischen Grundlagen hinter diesem Konzept finden sich in meinem Buch »Organisationen. Eine sehr kurze Einführung« (Kühl 2011). Wer sich für eine Einordnung unserer Überlegungen in die aktuelle Managementdiskussion interessiert, dem sei meine Trilogie »Wenn die Affen den Zoo regieren. Die Tücken der flachen Hierarchien« (Kühl 2015d), »Das Regenmacher-Phänomen. Widersprüche im Konzept der lernenden Organisation (Kühl 2015a) und »Sisyphos im Management. Die vergebliche Suche nach der optimalen Organisationsstruktur« (Kühl 2015c) empfohlen.

Dieses Buch wurde im Rahmen des Metaplan-Qualifizierungsprogramms »Führen und Beraten im Diskurs« entwickelt. Den Teilnehmerinnen und Teilnehmern der verschiedenen Jahrgänge, die die hier vorgestellte Vorgehensweise nicht nur immer wieder kritisch hinterfragt haben, sondern auch ihre Erfahrungen aus der Praxis zurückgespielt haben, sei genauso für die vielfältigen Inputs gedankt wie den Organisationswissenschaftlern, die in den letzten Jahrzehnten die Praxis von Metaplan immer wieder kritisch reflektiert und kommentiert haben.

1 Zum Konzept des Lateralen Führens – Einleitung

Organisationsmitglieder registrieren mit großem Interesse die subtilen Taktiken, kleinen Praktiken oder mehr oder minder geschickten Manöver, die im Schatten der Hierarchie angewandt werden. Da sind zum Beispiel die kleinen Kniffe, die die Interaktionen in Organisationen vereinfachen und mit denen man auch ohne Weisungsbefugnisse etwas durchsetzen kann. Man denke nur an den Takt, mit dem man sich unter gleichgestellten Kollegen begegnet, die kleinen Neckereien und Scherze in Kooperationsbeziehungen, den übertrieben dargestellten Respekt gegenüber einflussreichen Personen, die kleinen freiwilligen Sonderleistungen, mit denen man Wohlgefallen zu produzieren sucht, oder die Dankbarkeit, die man zum Ausdruck bringt, obwohl sie innerhalb der formalen Organisation ja gar nicht nötig ist (zu diesen Themen immer noch unübertroffen Luhmann 1964, S. 331 ff.).

Man kann diese Taktiken, Praktiken und Manöver vorrangig unter dem Gesichtspunkt einer flüssigeren, störungsfreieren Gestaltung der Interaktion in Organisationen sehen. Wenn man die unzähligen Managementseminare über effiziente Gesprächsführung, interkulturelle Kommunikation, schlagfertige Argumentation, strategische Verhandlungsführung, erfolgreiche Mitarbeitermotivation, emotionale Führung oder diplomatisches Konfliktmanagement betrachtet, dann erkennt man, dass all diese Seminare das strategische Verhalten in alltäglichen Interaktionen zum Thema haben. Im Mittelpunkt stehen Fragen der Art, wie man die Dynamik in Gesprächen steuern kann, wodurch Konflikte in Interaktionen gekennzeichnet sind und wie man sie reduzieren kann, wie man in Gesprächen mit der eigenen Persönlichkeit überzeugen kann oder wie man im alltäglichen Umgang die intrinsische Motivation anderer erkennt und stimuliert.

Macht, Vertrauen und Verständigung – das sind die Einflussmechanismen, die sich häufig hinter diesen Interaktionstricks verstecken. Takt, Höflichkeit und Freundlichkeit mögen einerseits in Interaktionen erwartet und in Führungstrainings eingeübt werden, sie beeinflussen aber auch maßgeblich die Macht-, Vertrauens- und Verständigungsprozesse in Organisationen. Necken und Scherzen dient sicherlich einerseits der Entspannung von Interaktionen, häufig hat es aber andererseits auch eine wichtige Funktion, wenn die existierenden Macht-, Vertrauens- und Verständigungsverhältnisse erhalten oder verändert werden sollen. Hilfe und Dank spielen in vielen Interaktionen eine Rolle, auch wenn es angesichts der Formalstruktur der Organisation eigentlich keinen Anlass dafür gibt; die Wirkungsweise zeigt sich oft nur in Macht-, Vertrauens- und Verständigungsprozessen.

Wir nutzen den Begriff des Lateralen Führens, um die Wirkungsweise von Macht, Vertrauen und Verständigung im Schatten der Hierarchie mit einer griffigen Formel zu fassen. Sicherlich: Macht, Vertrauen und Verständigung spielen nicht nur in lateralen, sondern auch in hierarchischen Kooperationsbeziehungen eine wichtige Rolle. Schließlich müssen Hierarchen bei Nichtbefolgung von Anweisungen gegenüber ihren Untergebenen häufig andere Machtoptionen einsetzen als die Androhung von Sanktionen. Die Kunst hierarchischer Führung besteht bekanntermaßen auch darin, beispielsweise

Informalitäten oder gar Illegalitäten in der Organisation decken zu können, weil ein Vertrauensverhältnis zwischen Unternehmensleitung und Untergebenen besteht. Bei Lateraler Führung kommt diesen Einflussmechanismen jedoch eine besondere Rolle zu, weil hier nur sehr begrenzt auf die Hierarchie der Organisation zurückgegriffen werden kann.

1.1 Zur Anwendung des Konzeptes

In Unternehmen, Verwaltungen, Krankenhäusern, Nichtregierungsorganisationen, Parteien oder Vereinen wird, so meine Behauptung, immer auch lateral geführt – auch wenn das Wort »Lateralität« nicht zum Wortschatz der meisten Akteure gehört. Gespräche, E-Mails oder Briefe an Kollegen sind häufig auch Prozesse der Verständigung – Versuche, andere von der eigenen Position zu überzeugen und manchmal (wenn auch selten) Versuche, den anderen zu verstehen. Ähnlich ist es auch mit Vertrauen. Mit fast jeder Entscheidung, mit vielen Handlungen und manchmal sogar nur mit einer Aussage auf einer Konferenz baut man zu Kollegen eine Vertrauens- oder Misstrauensbeziehung auf. Auch dienen die vielen kleinen Strategien in Kooperationsbeziehungen dazu, Kollegen gegenüber Machtquellen anzudeuten, die eigenen Machtpositionen zu verteidigen oder gar die eigenen Machtressourcen auszubauen.

Diese alltäglich in Organisationen ablaufenden Vertrauens-, Verständigungs- und Machtprozesse werden mit dem Konzept des Lateralen Führens thematisierbar und damit auch in Grenzen veränderbar gemacht. Das Konzept des Lateralen Führens soll helfen, die Verständigungs-, Macht- und Vertrauensressourcen der einzelnen Kooperationspartner sowie die vorhandenen Verständigungs-, Macht- und Vertrauensverhältnisse systematisch zu analysieren.

Das Konzept des Lateralen Führens ist auf verschiedenen Ebenen operationalisiert worden. Das klassische Anwendungsfeld des Konzeptes sind *Trainings* für Fach- und Führungskräfte, die in komplexeren Handlungsfeldern Kooperationen managen müssen, ohne selbst hierarchische Weisungsbefugnisse zu haben. Das Konzept des Lateralen Führens hat sich auch in *Coachings* unter vier Augen, in Gruppen von Personen aus unterschiedlichen Organisationen oder in permanent zusammenarbeitenden Teams bewährt. Im Rahmen einer personenorientierten Beratung werden in mehreren Sitzungen Problemanalysen durchgeführt und geeignete Analyseinstrumente entwickelt. Gerade in Coachings gibt es eine Tendenz, Probleme zu personifizieren. Aufgrund der systematischen Rückbindung aller Analyse- und Interventionsinstrumente an die Organisationsstrukturen ist es mit dem Konzept des Lateralen Führens besser als mit anderen Herangehensweisen möglich, die organisationalen Ansatzpunkte für geeignete Lösungen zu identifizieren. Die Entwicklung der letzten Jahre ging zunehmend in die Richtung, das Konzept für das Anwendungsfeld der *Führung in Veränderungsprozessen* zu spezifizieren. Dabei geht es vorrangig darum, die Spezifik von Macht, Vertrauen und Verständigung bei der Gestaltung von Organisationsstrukturen, der Entwicklung von Strategien oder der Erarbeitung von Leitbildern herauszuarbeiten und somit Managern und Beratern eine passgenauere Vorgehensweise zu ermöglichen.

1.2 Zur Popularität des Lateralen Führens

Schon in den 1950er Jahren wurde herausgearbeitet, dass Führen nicht nur von oben nach unten stattfindet, sondern auch zur Seite und sogar von unten nach oben – in der Form der »Unterwachung des Vorgesetzten« (siehe Luhmann 1969). Unter Begriffen wie der »Lateralen Beziehung« (vgl. z. B. Strauss 1962), der »Lateralen Kooperation« (vgl. z. B. Klimecki 1984), dem »Lateralen Kooperationsstil« (vgl. z. B. Wunderer 1974), »Lateraler Beeinflussung« (vgl. z. B. Yukl und Falbe 1990), »Lateraler Steuerung« (vgl. z. B. Schreyögg und Conrad 1994) oder »Lateraler Führung« (vgl. z. B. Fisher und Sharpe 1998) gab es immer wieder Versuche, auch praxisnahe Herangehensweisen für die Führung ohne Weisungsbefugnisse zu entwickeln. Aber besonders in den letzten Jahren hat Laterales Führen nicht nur in der Managementpresse, sondern auch durch den Einsatz in vielfältigen Anwendungsfeldern und durch die Entwicklung unterschiedlicher Seminarkonzepte eine beachtliche Popularität erhalten. Wie ist das zu erklären?

Erstens scheinen Organisationsmitglieder immer öfter auf der Suche nach Einflussmöglichkeiten zu sein, bei denen sie nicht auf die Hierarchie zurückgreifen müssen. Auch wenn es den Trend zur Abflachung von Hierarchien – und damit die Suche nach alternativen Steuerungsmechanismen – bereits beispielsweise in den 1920er Jahren gegeben hat: Heutzutage nehmen viele Manager deutlich wahr, dass sie sich oftmals in Situationen wiederfinden, in denen sie Entscheidungen treffen müssen, ohne jedoch über die entsprechenden hierarchischen Weisungsbefugnisse zu verfügen. Laterales Führen stellt eine Alternative zu vielen Führungstechniken dar, weil es nicht vorrangig auf der Ebene persönlicher Führungskompetenzen ansetzt, sondern systematisch an die Organisation und ihre Strukturen rückgebunden wird. Insofern ist Laterales Führen Teil eines Trends zum »postheroischen Management« (Handy 1989), in dem nicht mehr die charismatische Führungskraft im Mittelpunkt steht, sondern eine systematisch in eine Organisationsstruktur eingebundene Vorgehensweise der Organisationsmitglieder.

Zweitens sind noch stärker als die Mitglieder einer Organisation die externen Berater darauf angewiesen, Einflussmechanismen jenseits der hierarchischen Weisung zu nutzen. Dementsprechend gehören die Gestaltung von Verständigungsprozessen, das Wissen um Machtspiele und der Aufbau von Vertrauensprozessen zu den grundlegenden beraterischen Fertigkeiten. Das Konzept des Lateralen Führens ermöglicht es, diese im beraterischen Know-how immer schon vorhandenen Ansatzpunkte systematisch miteinander in Verbindung zu setzen. Insofern mag das Konzept für Berater einerseits eine willkommene nachträgliche Rationalisierung dessen sein, was sie sowieso schon immer getan haben, aber andererseits ermöglicht es ihnen auch, einen Rahmen zu konstruieren, in dem Macht, Vertrauen und Verständigung systematisch zueinander in Beziehung gesetzt werden können.

Drittens hat es in der Organisationsforschung seit einigen Jahrzehnten eine Vielzahl interessanter Erklärungsansätze dazu gegeben, wie in Organisationen Verständigungen ablaufen, wie sich Machtspiele entwickeln oder wie sich Misstrauen oder Vertrauen aufbaut. Verwiesen sei nur auf die Überlegungen der zurzeit in der Organisationswissenschaft dominierenden verhaltenswissenschaftlichen Entscheidungstheorie, der Systemtheorie und der Rational-Choice-Theorie. Diese über wissenschaftliche Texte nicht immer einfach zugänglichen Theorien können für Praktiker gerade deswegen interessant sein, weil sie grundlegende (und jedenfalls in der Wissenschaft inzwischen breit akzeptierte) Zweifel sowohl an den zweckrationalen Organisationskonzepten der klassischen Betriebswirtschaftslehre als auch an manchen auf herrschaftsfreien Diskurs setzenden Organisationsentwicklungsansätzen geweckt haben. Das Konzept des Lateralen Führens stellt eine Möglichkeit dar, die modernen Ansätze der Organisationsforschung praxisnah zu vermitteln und Überlegungen aus der Organisationsforschung – wenigstens teilweise – in Analyse- und Interventionsinstrumente zu überführen.

Der Paradigmenwechsel im Konzept des Lateralen Führens

In der Organisationsforschung wurde sehr früh bemerkt, dass in Unternehmen, Verwaltungen, Krankenhäusern oder Nichtregierungsorganisationen nicht nur hierarchische, sondern vielfach auch zur Seite gerichtete Führungsprozesse eine zentrale Rolle spielen. Mit dem Begriff der »lateralen Organisationsbeziehungen« wurde ab den sechziger Jahren des zwanzigsten Jahrhunderts auch ein Begriff gefunden, mit dem diese Beziehungen jenseits von Hierarchien bezeichnet werden können (vgl. prominent Walton 1966).

In einer Vielzahl von Fallstudien wurde damals gezeigt, dass ganz unterschiedliche Organisationstypen durch laterale Kooperationsbeziehungen geprägt sind. Für ein US-amerikanisches Textilunternehmen konnte beispielsweise nachgewiesen werden, dass ein großer Teil der Koordination auf lateraler Ebene stattfindet (vgl. Simpson 1959). Eine Studie über die Koordination von zwei Abteilungen einer Einrichtung der sozialen Hilfe konnte belegen, dass die Koordination trotz anderer formaler Anweisungen in der Regel ohne Einschaltung der Hierarchie ablief (vgl. Blau und Scott 1962, S. 159 ff.). Selbst für Armeen, eigentlich Prototypen hierarchisch strukturierter Organisationen, konnte aufgezeigt werden, dass bei komplexeren Anforderungen häufig auf laterale Koordinationsmechanismen gesetzt wird (vgl. Janowitz 1959).

Die frühe theoretische Auseinandersetzung mit lateralen Kooperationsbeziehungen war geprägt durch den damals dominierenden Kontingenzansatz in der Organisationstheorie, in dessen Mittelpunkt die Suche nach der richtigen Passung zwischen Umweltbedingungen und Organisationsstruktur stand. Je vielfältiger das

Umfeld der Organisation, je schneller die Veränderung von Märkten, Wissensbeständen und politischen Rahmenbedingungen, desto stärker müssten Organisationen sich dezentralisieren, desto schwächer würden hierarchische Einwirkungsmöglichkeiten, und desto stärker bildeten sich laterale Kooperationsbeziehungen aus (vgl. charakteristisch für den Ansatz Burns und Stalker 1961 sowie Lawrence und Lorsch 1967).

Die Begrenzung des kontingenztheoretischen Ansatzes bestand darin, dass lediglich (teilweise empfehlende) Aussagen über die Anzahl und die Intensität lateraler Kooperationsbeziehungen getroffen werden konnten. Viel weiter als bis zur Aussage »Je komplexer die Umwelt, desto mehr Lateralität in der Organisation« ist der Ansatz bei allen Bemühungen nie gekommen. Es mangelte offensichtlich an Einsichten, wie sich laterale Kooperationsbeziehungen ausbilden, welche Mechanismen in ihnen wirken, und erst recht fehlte es an Ideen, wie man sie verändern kann.

Versuche, Laterales Führen für die organisatorische Praxis greifbar zu machen, setzten häufig primär an individuellen Empfehlungen für eine verbesserte Verhandlungsführung an. Das Motto war: »Verbessern Sie Ihre Fähigkeiten, sich als lateraler Führer in die Gruppe einzubringen, indem Sie Ihre persönlichen Fähigkeiten weiterentwickeln«. Die konkreten Handlungsempfehlungen kamen in Form von Leitsätzen daher wie »Beteiligen Sie Ihre Kollegen an der Planung von Veränderungen«, »Aufnahmebereit bleiben«, »Bitten Sie Ihre Kollegen, ihre Gedanken einzubringen«, »Stellen Sie echte Fragen« oder »Bieten Sie Ihre Gedanken an« (vgl. Fisher und Sharpe 1998, S. 23 ff.).

Der Paradigmenwechsel im Konzept des Lateralen Führens – und damit auch der Unterschied beispielsweise zu Kommunikationsseminaren, Präsentationstrainings oder Teamworkshops – besteht darin, das Konzept stärker an Prozesse der Organisation anzubinden. Die am Lateralen Führen beteiligten Personen werden dabei als Rollenträger in der Organisation begriffen. Ihre Interessen und Denkgebäude sind – so die Annahme – vorrangig Ausdruck ihrer organisationalen Position, und das Konzept des Lateralen Führens muss daher konsequent an der organisationalen Einbindung der »lateralen Führer« ansetzen. Welche Effekte mit den drei Koordinationsmechanismen »Verständigung«, »Macht« und »Vertrauen« erzielt werden können, hängt also nicht nur von der Persönlichkeit der beteiligten Akteure ab, sondern auch von den beobachteten Organisationsstrukturen.

Bei der Fokussierung auf die drei Einflussmechanismen »Verständigung«, »Macht« und »Vertrauen« wird an Überlegungen der Steuerungstheorie angeknüpft, die das Bestreben hat, verschiedene Mechanismen auszubilden, mit denen die Wahrscheinlichkeit, dass etwas passiert, erhöht wird (vgl. Zündorf 1986).

2 Macht, Verständigung und Vertrauen – die drei Säulen des Lateralen Führens

Die Wahrscheinlichkeit, dass eine Verhaltenserwartung auf Akzeptanz bei einem Gegenüber stößt, ist gering. Sicherlich – manchmal verhält sich eine andere Person aus eigenem Interesse so, wie man es von ihr erwartet, und dann kann man ihr Verhalten seinen eigenen Erwartungen zuschreiben, aber in der Regel muss sozial »nachgeholfen« werden, dass ein anderer sich entsprechend unseren eigenen Verhaltenserwartungen verhält.

In der Organisationswissenschaft werden die Mittel, mit denen man Verhaltenserwartungen gegenüber anderen durchsetzen kann, als *Einflussmechanismen* bezeichnet (siehe zu einer eher beiläufigen Einführung des Einflussbegriffs Luhmann 1964, S. 123 ff.; Luhmann 1975, S. 74 ff. und Luhmann 2002, S. 39). Systemtheoretisch ausgedrückt: Der Einsatz von Einflussmechanismen erhöht die Wahrscheinlichkeit, dass die anderen die kommunizierten Verhaltenserwartungen übernehmen.

Die Notwendigkeit, Einflussmechanismen einzusetzen, ergibt sich allein schon dadurch, dass die Teilnehmer einer Gruppe, einer Familie, einer Organisation, einer Protestorganisation oder auch nur einer spontanen Face-to-Face-Interaktion in einer Konferenz, einem Rockkonzert oder einer

Warteschlange aufeinander angewiesen sind und deshalb eine
»positive Einstellung« der anderen »zu erreichen und zu erhalten versuchen« (Luhmann 2002, S. 40). Herstellung von
Verständigung, der Einsatz von Macht und das Aufbauen
von Vertrauen sind die zentralen Mechanismen (für alternative Vorschläge siehe Luhmann 1975, S. 75 ff. oder Luhmann
2002, S. 41 ff.).

2.1 Verständigung – die Überwindung verfestigter Denkgebäude

Verfestigte Denkmuster finden sich immer und überall in Organisationen. Jeder Akteur ist in eine Gruppe eingebunden,
deren Erwartungen erfüllt werden müssen. Das Denkgebäude einer Gruppe ist normalerweise kohärent und in sich ge-
schlossen. Man hat gemeinsame Auffassungen darüber ausgebildet, wie man die Wirklichkeit und sich selbst darin sieht.
Die Erklärungsmuster sind zudem dogmatisiert, das heißt,
dass sie nicht mehr hinterfragt werden.

Die gruppentypischen Denkmuster können aus den Stan-
dards, Normen und Auffassungen der jeweiligen Professio-
nal Community entstehen, man denke nur an Anwälte, Me-
diziner oder Ingenieure. In Organisationen entstehen solche
Denkmuster aus der funktionalen Differenzierung als Folge
der Arbeitsteilung. Die Denkweise im Vertrieb ist beispielsweise darauf gerichtet, die Kundenwünsche zu befriedigen,
während die Produktion darauf aus ist, die geplante und lau-
fende Produktion nicht zu ändern.

Beispiel: Verfestigte Denkauffassungen bei Fashion-able Wear

Wie sich verfestigte Auffassungen ausbilden, wird an folgendem Beispiel deutlich: In einer Textilfabrik, nennen wir sie Fashionable Wear, gibt es drei Bereiche, die sich mit dem Verlangen der Kunden nach Handelsmarken auseinandersetzen wollen. Die Vertreter dieser Bereiche sind: der Produktionsmanager, der Designer und der Produktmanager sowie die Geschäftsleitung mit Controlling. Die Auffassungen, die sie vertreten, sind folgende:

Der Produktionsmanager glaubt, dass man nur mit modernen Maschinen große Stückzahlen produzieren kann. Dabei soll das gesamte Fertigungsprogramm in einem Stück »durchgefahren« werden, Umrüstungen für Sonderwünsche finden nicht statt. Das Design muss sich rationell produzieren lassen.

Der Designer und der Produktmanager denken, dass man nur für Markenprodukte gute Preise erzielen kann. Die Markenkleidung muss immer aktuell, sprich fashionable sein, kann sich im Design also auch kurzfristig ändern. Ihrer Meinung nach ist die Qualität des Designs entscheidend für den Geschäftserfolg.

Controlling und Geschäftsleitung sind der Auffassung, dass man die Kunden mit der Marke an die Firma bindet. Um erfolgreich zu sein, braucht die Firma moderne Maschinen und Produktionsmethoden. So kann »Masse mit Klasse« hergestellt werden.

Angesichts dieser verschiedenen Denkweisen fällt die Verständigung schwer: Dem Produktionsmanager schwebt als Wunschbild eine High-Tech-Produktion vor, für die Designer und Produktmanager zählt nur die Kreativität und das Modeempfinden, und die

Geschäftsleitung vertritt die Auffassung, dass kreatives Design und High-Tech-Produktion sich nicht gegenseitig ausschließen.

Wenn wir von verfestigten Denkweisen sprechen, meinen wir nicht, dass sie absolut starr und unbeweglich sind. Sie lassen sich durchaus ändern und mit ihnen die Interessen, Auffassungen, Normen, etc. – allerdings nur sehr schwerfällig und langsam. Folgende Fragen eignen sich dazu, verfestigte Denkweisen in Organisationen zu identifizieren: Welche (Grund-) Auffassungen der einen Gruppe stören die der anderen, welche Auffassungen passen nicht zueinander? Welche (eigennützigen) Interessen unterstellt man den anderen, und welche Interessen meldet man selbst offen an? Welche Arbeitsroutinen versperren den Blick? Vor welchen Gedanken fürchtet man sich in der Organisation? Welche Auffassungen einer Gruppe sind in sich widersprüchlich? Wo handelt eine Gruppe anders, als es ihren Auffassungen entspricht?

Der Ansatzpunkt ist, dass man über Verständigung zu einem Einvernehmen innerhalb der Organisation kommen kann, wie eine bestimmte Aufgabe gelöst werden soll. Gemeinsame Erfahrungshintergründe sind die Voraussetzung für eine Koordination über Verständigung. Diese gemeinsamen Erfahrungshintergründe zwingen alle, die divergierenden Interessen anderer Teilnehmer zu berücksichtigen und die Auswirkung der eigenen Handlungen darauf zu bedenken (siehe dazu Mayntz 1992, S. 27 f.). Dadurch können Interpretationsaufwand und das Risiko eines Dissenses so weit reduziert werden, dass es durch Verständigung zu einer Fiktion eines Konsenses kommen kann (siehe dazu Hahn 1983).

Die Vorteile, die mit einer Steuerung über Verständigung verbunden sind, liegen auf der Hand: Der Koordinationsmechanismus »Verständigung« mobilisiert die Ansichten, Erfahrungen und Interessen vieler Akteure. Dadurch erhofft man sich, die bestmögliche Lösung für eine bestimmte Aufgabe zu finden. Verständigungsprozesse in Unternehmen reduzieren die Motivations- und Kontrollprobleme des Managements. Mitarbeiter wählen einen bestimmten Weg zur Abarbeitung eines Problems, weil sie sich mit allen Beteiligten auf diesen Weg geeinigt haben und nicht, weil sie sich aufgrund von Anweisungen oder von Marktprozessen dazu gezwungen sehen. Damit können, so die Hoffnung, Maßnahmen zur Motivation und zur Kontrolle entfallen.

2.2 Macht – die Kontrolle von Unsicherheitszonen

Macht ist Teil jeder Beziehung. Macht ist der Mechanismus, mit dem man bei anderen ein Verhalten erzeugen kann, das sie spontan nicht angenommen hätten. Die Ausübung von Macht ermöglicht es einem Akteur, einen – mehr oder minder langen – Austauschprozess so zu strukturieren, dass er für sich Vorteile aus dieser Situation ziehen kann (Friedberg 1993, S. 117 f.). Dabei ist Macht eine Austauschbeziehung, die zwar asymmetrisch, aber stets wechselseitig ist. Eine Person oder Personengruppe kann die eigenen Auffassungen nur dann durchsetzen, wenn eine andere Person oder Personengruppe bereit ist, sich mit ihr in eine Beziehung einzulassen. Eine Abteilungsleiterin kann nur solange Weisungen erteilen, wie die Mitarbeiter sich diesen Weisungen unterwerfen. Sobald eine Person zum Beispiel kündigt oder innerhalb der Firma die Stelle wechselt, ist die Austauschbeziehung und damit auch das Machtverhältnis beendet. Schon eine Weigerung wie zum Beispiel die, Überstunden zu machen, kann die Abteilungsleiterin in Bedrängnis bringen, weswegen Vorgesetzte

»ihren« Leuten in vielen Fällen eine Kompensation anbieten müssen. Aus einer Machtbeziehung ziehen also immer beide Seiten Vorteile. Dies bedeutet selbstverständlich nicht, dass es sich um einen fairen oder gerechten Austauschprozess handeln muss. Es verweist aber darauf, dass auch der vermeintlich Machtlose ein Interesse an der Aufrechterhaltung der Machtbeziehung hat.

Macht hängt von der eigenen Relevanz für andere und von der eigenen Nichtersetzbarkeit ab. Ein Vertriebsmitarbeiter, der einen privilegierten Zugang zu einem wichtigen Kunden hat, besitzt ein Pfund, mit dem er wuchern kann. Je unersetzlicher ein EDV-Experte wegen seiner detaillierten Kenntnisse eines in der Firma selbstgestrickten Programms ist, desto stärker ist seine Position gegenüber Personen, die von diesem Programm abhängig sind.

Konflikte sind in Machtbeziehungen zwar eher die Ausnahme als die Regel, es sind jedoch gerade die Konfliktsituationen, in denen sich die besondere Bedeutung des Einflussmechanismus Macht zeigt. Machtbeziehungen basieren darauf, dass sie von den beteiligten Akteuren geteilt und mehr oder minder akzeptiert werden. Zwar lauert im Hintergrund immer die Drohung, dass man einen Interessengegensatz eskalieren lassen kann, in der Regel ist die Machtbeziehung jedoch dadurch gekennzeichnet, dass sich beide Seiten fügen und Sanktionen und Drohungen latent gehalten und nur vorsichtig angedeutet werden (siehe dazu Luhmann 1975, S. 4 ff.).

Macht stützt sich auf die Kontrolle relevanter Unsicherheitszonen. Nach Crozier und Friedberg (1977) lassen sich für Organisationen folgende typische Unsicherheitszonen ausmachen: a) *Hierarchen* stützen ihren Einfluss darauf, formale organisatorische Regeln erlassen zu können, die das Aktionsfeld der Untergebenen einengen oder erweitern können; b) *Experten*, beispielsweise IT-Fachleute oder Marketingspezialisten, gewinnen ihre einflussreiche Stellung aus der Beherrschung von für die Organisation relevantem Sachwissen; c) Personen, die *Relaisstellen* zur Umwelt verkörpern, ziehen ihre Macht daraus, dass sie einen privilegierten Zugang zu Kunden, zentralen Zulieferern, wichtigen Kooperationspartnern oder einflussreichen staatlichen Stellen haben; d) Gate Keeper, beispielsweise ein Sekretär oder eine persönliche Referentin, ziehen ihren Einfluss aus der Kontrolle wichtiger interner Kommunikationskanäle und Informationsquellen.

Hierarchie beherrscht also nur eine Unsicherheitszone unter anderen, und deswegen darf man Hierarchie keinesfalls mit Macht gleichsetzen. Sicherlich: Manager entscheiden nicht nur über Arbeitsprozesse oder Strategien mit, sondern als Vorgesetzte bestimmen sie auch maßgeblich über die Einstellung, Entlassung und Karriere ihrer Mitarbeiter. Sie beherrschen damit eine zentrale Unsicherheitszone ihrer Mitarbeiter – jedenfalls solange diese keine attraktiveren Alternativen auf dem Arbeitsmarkt haben. Sie können zugleich auch die Kontrolle über andere Unsicherheitszonen wie Kontakt zur Umwelt oder Fachkenntnisse haben, aber nicht automatisch, quasi qua Amt. Häufig haben die Untergebenen mehr Fachwissen als die Vorgesetzten. Aufgrund des wachsenden Bedarfs an spezialisiertem Fachwissen können Führungskräfte häufig nicht mehr alle Themenfelder in ihrem Bereich überschauen und müssen zulassen, dass ihre Mitarbeiter sachverständiger und kompetenter sind als sie selbst. Auch die Kontakte zu Kunden, Zulieferern, Kooperationspartnern oder politischen Institutionen sind nicht an der Spitze monopolisiert. Gerade in größeren Unternehmen, Verwaltungen oder Verbänden ist es nötig, dass die Organisationsspitze die Pflege der Außenkontakte delegiert. Auch hat der Hierarch nicht die Möglichkeit, alle Kommunikationen in der Organisation zu regulieren. Schon die Tatsache, dass Führungskräfte häufig über (vermeintlich falsche) Gerüchte klagen, zeigt, dass Kommunikationen in Unternehmen ganz anders laufen, als sie es sich vorgestellt haben (vgl. Luhmann 1971, S. 99).

Gerade wenn ein Prozess über Laterale Führung gesteuert wird, findet man Situationen, in denen der Machtmechanismus »Hierarchie« nur begrenzt (oder auch gar nicht) wirkt. Aber selbst in Situationen, in denen eindeutige hierarchische Verhältnisse vorhanden sind, sind die Steuerungswirkungen der Hierarchie begrenzt, weil auch die Untergebenen wichtige Unsicherheitszonen beherrschen. In Krankenhäusern zum Beispiel können die vermeintlichen »Götter in Weiß« trotz ihrer formalen Befugnisse die Abläufe nicht vollständig bestimmen. Pflegekräfte beherrschen für Ärzte wichtige Unsicherheitszonen und können diese als Tauschgut einsetzen. So sind die Ärzte von den Pflegekräften abhängig, weil sie selbst häufig nur kurz in den Stationen verweilen. Sie sind darauf angewiesen, dass die Pflegekräfte ihnen administrative und zuweilen auch kurative Arbeiten abnehmen. So können Aushandlungsverhältnisse entstehen, in denen die Pfleger die Bereitschaft zur Übernahme von mehr Verantwortung gegen mehr Mitspracherecht bei der Patientenbetreuung eintauschen. Selbst in Gefängnissen sind die Gefangenen den Wärtern nicht hilflos ausgeliefert. Zwar können die Wärter Verfehlungen der Gefangenen melden und deren Bestrafung fordern, dies würde jedoch den Eindruck vermitteln, dass die Justizbeamten ihre Gefangenen nicht im Griff haben. Um dies zu vermeiden, entstehen Tauschbeziehungen, in denen die Wärter den Gefangenen einige Regelverletzungen durchgehen lassen, solange sie sich insgesamt kooperativ verhalten (vgl. Mechanic 1962).

Machtspiele sind trotz alledem nicht dysfunktional für Organisationen. Im Gegenteil: Sie tragen maßgeblich zur Überwindung der Blockaden bei, die entstehen würden angesichts der Unmöglichkeit, rationale Entscheidungen treffen zu können. Sie sind der Schmierstoff, der die Organisationen in Bewegung hält.

2.3 Vertrauen – Der Nutzen und die Gefahr riskanter Vorleistungen

Kooperieren ist riskant. Das Handeln des einen ist davon abhängig, wie die anderen handeln. Das Gleiche gilt für das Handeln dieser anderen, wenn sie an dessen Handeln anschließen wollen. Die jeweiligen Handlungsweisen sind nicht mit Gewissheit vorhersagbar, sie sind kontingent. Vertrauen bietet einen Weg, damit trotz dieser Kontingenz Kooperation zustande kommt.

Das Problem ist: Ist man gewillt, dem anderen Vertrauen entgegenzubringen, geht man ein im Voraus schwer kalkulierbares Risiko ein. Im Gegensatz zur Ausübung von Macht, die die Option beinhaltet, mit negativen Sanktionen drohen zu können, falls die eigenen Erwartungen nicht erfüllt werden, geht man im Falle von Vertrauen mehr oder weniger stark das Risiko ein, dass es missbraucht werden kann.

Im Gegensatz zu Machtbeziehungen findet in Vertrauensbeziehungen keine Quantifizierung von Tauschgütern statt, und der Tauschprozess muss auch nicht sofort abgewickelt werden. Vertrauensbeziehungen sind Tauschbeziehungen »ohne Gewissheitsäquivalente« (Luhmann 1968). Immobilienfonds beispielsweise weichen zunehmend von der Praxis ab, die Generalunternehmen in Vertragsverhandlungen wie eine Zitrone auszuquetschen, weil sich gezeigt hat, dass sich die Generalunternehmen bei Nachbesserungen »revanchieren«. Stattdessen versuchen die Immobilienfonds ein Verfahren zu etablieren, in dem sie den Generealunternehmern einen Vertrauensvorschuss geben und darauf setzen, dass diese bei Nachbesserungen dann eben nicht versuchen, ihre starke Position auszunutzen.

Vertrauen stabilisiert sich als Output vertrauensvollen Verhaltens und geht dann als Vertrauensbasis in das weitere Handeln ein. Es findet ein zeitversetzter sozialer Tausch statt. Man räumt der anderen Seite einen Vertrauensvorschuss ein in der Erwartung, dass sie sich dessen würdig erweist und uns ebenfalls Vertrauen entgegenbringt. So wird zum Beispiel denjenigen Mitarbeitern vertraut, die die Führungskraft aufgrund eigener Erfahrungen als verlässlich einschätzt (siehe dazu Mayer et al. 1995, S. 712 ff. und Schoorman, F. David et al. 2007, S. 344 ff.).

Je häufiger ein Vertrauensvorschuss der einen Seite durch die andere Seite honoriert wird, desto wahrscheinlicher ist es, dass sich ein langfristiges Vertrauensverhältnis aufbaut. Es entsteht ein sich selbst verstärkender Mechanismus, der sich in dem Maße stabilisiert, wie die Erwartungen der sich gegenseitig Vertrauenden erfüllt werden (vgl. Zündorf 1986, S. 40 f.).

Der zentrale Vorteil von Vertrauen als Einflussmechanismus besteht darin, dass Vertrauen eine Strategie mit einem sehr großen Handlungsspielraum ist. Wenn man sich vertraut, braucht man nicht zu erwarten, dass eine Leistung sofort belohnt wird. Man braucht nicht auszutarieren, wer der Stärkere ist, und man braucht nicht alles durch Verträge genau festzulegen. Wo Vertrauen vorhanden ist, so die fast esoterisch klingende Annahme der Systemtheorie, ist eine erhöhte Kontingenz des Erlebens und Handelns vorhanden (vgl. Luhmann 1968, S. 6).

Das Problem ist jedoch, dass das kleinste Anzeichen für einen Vertrauensmissbrauch genügen kann, um die Beziehung zu beenden. Die Kostensenkungspolitik, die das Vorstandsmitglied eines Automobilkonzerns den Zulieferern von oben verordnete, kann dazu führen, dass eine über lange Zeit aufgebaute vertrauensvolle Zusammenarbeit zwischen dem Konzern und seinen Zulieferern zerstört wird, weil die Zulieferer die Kostensenkungspolitik als »Aufkündigung« der vertrauensvollen Zusammenarbeit begreifen können und als Konsequenz dann gerade bei den nichtvertraglichen Elementen der Kooperation ein geringeres Entgegenkommen zeigen.

Es darf nicht übersehen werden, dass bei allen negativen Konnotationen, die das Wort hat, auch Misstrauen eine Möglichkeit ist, um zu einer Kooperation zu kommen. Der Vorteil einer auf Misstrauen basierenden Strategie ist, dass das Risiko für die Kooperierenden gering ist. Man lässt sich nur dann auf eine Kooperation ein, wenn man für alle Eventualitäten, zum Beispiel durch vertragliche Absicherung oder durch die Sicherung der eigenen Machtbasis, vorgesorgt hat. Auch die Strategie eines Automobilkonzerns, die Zulieferer auszupressen und über Knebelverträge aus ihnen so viel es geht herauszuholen, ist eine Strategie, um eine Sache voranzubringen. Sie kann sich eventuell sogar für den Konzern als kostengünstiger herausstellen als die vorher praktizierten Formen der Zusammenarbeit. Aber die Organisation bezahlt die Umstellung von einer Vertrauens- auf eine Misstrauensstrategie mit geringerer Flexibilität in den Beziehungen.

Das Pikante daran ist, dass – wie gezeigt – häufig ein kleiner Vorgang ausreicht, um eine Vertrauensbeziehung in eine Misstrauensbeziehung umschlagen zu lassen. Misstrauen dagegen lässt sich nicht so schnell, sondern nur allmählich wieder in Vertrauen umwandeln.

3 Zum Zusammen- spiel der drei Einflussmechanismen

Mit der Aussage, dass im Konzept des Lateralen Führens die drei Einflussmechanismen Verständigung, Macht und Vertrauen wirken, lehne ich mich ziemlich weit aus dem Fenster. Die Fokussierung dieses Konzepts auf Verständigung, Macht und Vertrauen suggeriert, dass genau diese drei Mechanismen zur Anwendung kommen und dementsprechend die Kunst des Lateralen Führens in der Anwendung genau dieser drei Mechanismen besteht.

Auf den ersten Blick könnte man sich bei der Aneinander-reihung der Begriffe Verständigung, Macht und Vertrauen an die Liste aus der chinesischen Enzyklopädie erinnert fühlen, von der der argentinische Schriftsteller Jorge Luis Borges (1999, S. 299 ff.) berichtete. In dieser vermeintlich historisch überlieferten, in Wirklichkeit jedoch von Borges lediglich erfundenen Liste werden die Tiere in China wie folgt gruppiert: a) Tiere, die dem Kaiser gehören, b) einbalsamierte Tiere, c) gezähmte, d) Milchschweine, e) Sirenen, f) Fabeltiere, g) herrenlose Hunde, h) in diese Gruppe gehörige, i) die sich wie tolle Hunde gebärden, k) die mit einem ganz feinen Pinsel aus Kamelhaar gezeichnet sind, l) und so weiter, m) die den Wasserkrug zerbrochen haben, n) die von weitem wie Flie-gen aussehen.

Ist die Aneinanderreihung von Verständigung, Macht und Vertrauen vielleicht genauso eine Liste – eine nahezu beliebige Aneinanderreihung von Konzepten und Überlegungen? Was ist das Gemeinsame von Verständigung, Macht und Vertrauen in Organisationen? Warum wählen wir genau diese drei Mechanismen aus und nicht völlig andere? Wie hängen sie zusammen? Was gewinnt man dadurch, dass man genau diese drei Mechanismen wählt?

Um die Arbeit mit diesen drei Mechanismen zu rechtfertigen, muss gezeigt werden, dass sich Verständigung, Vertrauen und Macht voneinander abgrenzen lassen, dass keiner dieser drei Mechanismen die anderen beiden dominiert und dass sie sich – wenigstens teilweise – gegenseitig ersetzen können.

3.1 Zur gleichzeitigen Wirkungsweise von Macht, Verständigung und Vertrauen

Man kann mit einem unter Organisationsforschern beliebten Witz illustrieren, wie Mechanismen von Macht, Vertrauen und Verständigung in Kooperationssituationen wirken: Während der sowjetischen Stalin-Ära war ein Dirigent mit dem Zug zu seinem nächsten Auftritt unterwegs und schaute sich einige Partituren an, die er am Abend dirigieren sollte. Zwei KGB-Beamte beobachten ihn dabei, und weil sie meinten, dass es sich bei den Musiknoten um einen Geheimcode handeln müsse, verhafteten sie den Mann als Spion. Der protestierte, erklärte, dass es sich bei den Aufzeichnungen nur um ein Violinkonzert von Tschaikowski handele, aber es half alles nichts. Am zweiten Tag der Inhaftierung kam der verhörende Beamte siegessicher herein und sagte: »Sie erzählen uns besser alles. Wir haben Ihren Freund Tschaikowski ebenfalls erwischt, und er hat bereits ausgepackt.« (vgl. Dixit und Nalebuff 1997, S. 15 ff.).

Die beiden Gefangenen des KGB – der Dirigent und Tschaikowski – befinden sich in dem erstmals von Albert Tucker ausgearbeiteten Gefangenendilemma. Zwei Angeklagte werden beschuldigt, gemeinsam ein Verbrechen begangen zu haben. Sie müssen entscheiden, ob sie gestehen oder nicht, ohne die Entscheidung des jeweils anderen zu kennen. Gesteht nur ein Gefangener – der Dirigent oder Tschaikowski – so erhält dieser die Kronzeugenregelung und geht straffrei aus. Der andere wandert für zehn Jahre ins Gefängnis. Gestehen beide, erhalten beide eine fünfjährige Gefängnisstrafe. Wenn keiner gesteht, werden sie wegen Nutzung einer geheimen Notensprache nur zu einem Jahr Haftstrafe verurteilt.

B (Tschaikowski) A (Dirigent)	Kooperation mit A (Dirigent) (Leugnen)	Nichtkooperation mit A (Dirigent) (Gestehen)
Kooperation mit B (Tschaikowski) (Leugnen)	−1, −1	−10, −0
Nichtkooperation mit B (Tschaikowski) (Gestehen)	−0, −10	−5, −5

Auf den ersten Blick scheint es für beide vorteilhaft, auszusagen. Der Dirigent kann sich denken: Falls Tschaikowski auch gesteht, dann reduziere ich meine mögliche Strafe von zehn auf fünf Jahre, schweigt der andere gar, dann kann ich sogar als Kronzeuge straflos ausgehen. Gestehen scheint für Tschaikowski die sinnvolle Strategie zu sein, obwohl es für beide unter dem Strich am besten wäre, zu leugnen – also miteinander zu kooperieren (vgl. Rapoport und Chammah 1965 für eine erste frühe ausführliche Beschreibung des Gefangenendilemmas).

Das Gefangenendilemma – in welcher Fassung auch immer – ist für unsere Zwecke interessant, weil es zeigt, wie die drei Koordinationsmechanismen Verständigung, Macht und Vertrauen in dieser Situation wirken (können). Kommt es zwischen den beiden Gefangenen zur Verständigung – beispielsweise dadurch, dass sie gemeinsam verhört werden –, fällt es den beiden leicht, die für sie kooperative Strategie des Leugnens einzuschlagen. Herrscht tiefes, über mehrere Jahre aufgebautes Vertrauen zwischen den beiden Gefangenen, können beide davon ausgehen, dass der jeweils andere auch schweigen wird. Auch wenn die eine Seite starke Macht über die andere ausübt, kann es zu einer kooperativen Strategie zwischen den Gefangenen kommen. Der italienischen Mafia ist es bekanntermaßen trotz Isolierung der Gefangenen und angebotener Kronzeugenregelungen gelungen, über Jahre das Schweigen der Inhaftierten sicherzustellen, indem man deren Familien drohte. Das Gefangenendilemma wird überhaupt nur deswegen zum Dilemma, weil alle drei möglichen Kooperationsmechanismen zwischen den beiden Gefangenen – Verständigung, Macht und Vertrauen – von externen Kräften unterbunden werden können und schon die Wirkung einer dieser drei Mechanismen ausreichen würde, um das Dilemma aufzulösen.

In der Realität von Kooperationen spielen fast immer alle drei Mechanismen eine Rolle. Dabei laufen Verständigungs-, Macht- und Vertrauensprozesse in der Organisation (und nicht nur dort) stets gleichzeitig ab. Oftmals ist in einem Gespräch nicht zu erkennen, was da eigentlich gerade stattfindet: Versucht der Projektleiter eine neue Finte in einem Machtspiel, geht es ihm darum, eine Verständigung über die ein-

zelnen Positionen herzustellen, oder versucht er sich in einer
»vertrauensbildenden Maßnahme«?

3.2 Gleichrangigkeit der drei Mechanismen – Warum man Verständigung, Macht und Vertrauen nicht priorisieren kann

In der Managementliteratur – aber auch in der wissenschaftlichen Organisationsforschung – gibt es immer wieder Versuche, einem der drei Einflussmechanismen eine höhere Bedeutung zuzumessen. Je nach Geschmack, Erfahrungen oder Wertekatalog wird dann entweder Verständigung, Macht oder Vertrauen zum zentralen Steuerungsmechanismus in einer Organisation erklärt. Besonders deutlich wird dies bei den auch öffentlich propagierten Managementkonzepten.

Mit Begriffen wie »diskursive Organisation«, »demokratisches Unternehmen« oder »konsensuelles Management« wird beispielsweise *Verständigung* zur zentralen Steuerungsform in und zwischen Organisationen erhoben. Dahinter steckt die Idee, dass man über Verständigung immer zu einem Einvernehmen darüber kommen kann, wie eine bestimmte Aufgabe gelöst werden soll. Die Vorteile, die mit einer Steuerung über Verständigung verbunden werden, liegen auf der Hand: Es werden die Ansichten, Erfahrungen und Interessen vieler Akteure mobilisiert. Man erhofft sich, so die beste Lösung für eine bestimmte Aufgabe zu finden. Verständigungs- und Verhandlungsprozesse reduzieren außerdem die Motivations- und Kontrollprobleme des Managements. Die Mitarbeiter wählen einen bestimmten Weg zur Bearbeitung eines Problems, weil sie sich mit allen Beteiligten auf diesen Weg geeinigt haben, und nicht, weil sie sich aufgrund von Anweisungen dazu gezwungen sehen. Damit können, so die Hoffnung, Maßnahmen zur Motivation und Kontrolle entfallen.

Auch die verbreitete Hochstilisierung von *Vertrauen* zum zentralen Steuerungsmechanismus verdeutlicht die verklärte Sichtweise vieler Manager: Die Abschaffung der »Misstrauensorganisation« gehört zu ihren Wunschträumen. »Vertrauen führt« (Sprenger 2002), »Vertrauen siegt« (Höhler 2005) oder »Erfolg durch Vertrauen« (Nieder 2013) sind zentrale Schlagworte in der aktuellen Managementdiskussion. Je größer die wahrgenommenen Verunsicherungen in Organisationen sind, desto häufiger lassen sich Versuche beobachten, über vertrauensbildende Maßnahmen die Zusammenarbeit zwischen verschiedenen Einheiten zu koordinieren. Die breite Propagierung der »Vertrauensorganisation« und damit einer auf Vertrauen basierenden Organisationskultur kann als Indiz für eine »Moralisierung des betrieblichen Sozialzusammenhangs« gedeutet werden.

Aber auch *Macht* ist ein häufig genutztes Mittel in Managementkonzepten. Sowohl die Biografien »großer Unternehmensführer« als auch Ratgeber à la »Machiavelli für die Managerin« begreifen Organisationen als eine Löwengrube, in der die Mitglieder sich gegenseitig mit allen möglichen Tricks bekämpfen. Kooperationen innerhalb von und zwischen Organisationen erscheinen dann als große Machtkämpfe. Selbst in der eher wissenschaftlich orientierten Literatur gibt es die Vorstellung, die »Mikropolitik« – die alltäglich ablaufenden Machtspiele – zum zentralen Mechanismus in Organisationen zu erklären (siehe tendenziell Crozier und Friedberg 1977, S. 65 ff.).

Managementdiskurse orientieren sich am aktuellen Zeitgeist; so macht es für Management-Gurus Sinn, mal den einen, mal den anderen Mechanismus zu pushen. Setzt sich auf gesamtgesellschaftlicher Ebene eine Vorstellung von »Demokratie wagen« durch, dann kann man in der Managementliteratur beobachten, wie Berater und Manager mit auf Verständigung setzenden Konzepten daran parasitieren. Verschärft sich die Lage in Unternehmen, Verwaltungen oder Parteien, dann sind in der Öffentlichkeit Konzepte en vogue, die das Spiel mit »harten Bandagen« propagieren und die Ausübung von Macht als zentrales Erfolgsgeheimnis darstellen. Ein paar Jahre später wird, manchmal von denselben Management-Gurus, der vertrauensvolle Umgang miteinander als Erfolgsrezept propagiert.

Um nicht missverstanden zu werden: Sowohl diejenigen, die für Verständigung eintreten, als auch die Befürworter von Macht und die Agitatoren für Vertrauen treffen einen Punkt – schließlich spielt jeder dieser drei Mechanismen für die Koordination innerhalb und zwischen Organisationen eine wichtige Rolle. Tatsächlich kann man jedoch beobachten, dass, häufig wechselnd, immer einer dieser Mechanismen favorisiert wird. Mal kann man sehr schnell erkennen, dass eine Kooperation auf einem über lange Zeit gewachsenen Vertrauensverhältnis basiert, mal stellt man fest, dass eine Kooperation darüber vorangebracht wird, dass die Akteure sich verständigen können, und dann wiederum kann man erkennen, dass in einer Kooperationsbeziehung vorrangig mehr oder minder geschickt eingesetzte Machtspiele dominieren. Es gibt aber keinen Meta-Mechanismus – außer in den Wunschvorstellungen von Management-Gurus –, der dominanter ist als die anderen.

Es ist also zweitrangig, ob man eine Kooperationsbeziehung zuerst unter Macht-, Vertrauens- oder Verständigungsaspekten analysiert, ob in einem Training zuerst der Mechanismus Macht, Vertrauen oder Verständigung herausgearbeitet wird, oder welcher dieser drei Mechanismen als Ansatzpunkt für einen anstehenden Veränderungsprozess gewählt wird.

3.3 Zum Zusammenspiel von Macht, Vertrauen und Verständigung

Für die alltäglichen Kooperationen in Organisationen ist es hilfreich, wenn nicht immer deutlich wird, welche Form der Koordination – Verständigung, Vertrauensaufbau oder Machtspiel – gerade abläuft. Dadurch entsteht ein größerer Gestaltungsspielraum, weil man Ausgesprochenes und Handlungen auf verschiedene Arten interpretieren kann. Für die Systematisierung des Prozesses des Lateralen Führens ist es jedoch wichtig, zu erkennen, wie Verständigung, Macht und Vertrauen zusammenhängen.

Häufig greifen Macht, Vertrauen und Verständigung so ineinander, dass sie sich gegenseitig stützen. Wenn man sich vertraut, fällt häufig auch die Verständigung leichter. Man geht zunächst einmal davon aus, dass der andere einen nicht über den Tisch ziehen will und dass es ihm darauf ankommt, unterschiedliche Einschätzungen auszutauschen. Wenn man in einer Beziehung viel Macht hat, kann man andere zwingen, die eigenen Gedanken anzuhören – zum Beispiel dadurch, dass man die anderen zu einer Sitzung »bittet«. Ob sie sich dann auch auf einen intensiven Verständigungsprozess einlassen, ist natürlich eine zweite Frage. Wenn man sich in einem Verständigungsprozess befindet und einmal Einblicke in die Zwänge des anderen gewonnen hat, kann ein Misstrauens- leichter in ein Vertrauensverhältnis umgewandelt werden.

Verständigungs-, Macht- und Vertrauensprozesse können sich aber auch gegenseitig behindern. Das Aufbrechen von Denkgebäuden bringt Informationen ans Licht, die andere in Machtspielen nutzen können. Wenn man überdeutlich signalisiert, dass man eine für den anderen zentrale Unsicherheitszone beherrscht, kann dies den Aufbau von Vertrauensbeziehungen erschweren. Wenn man eine Vertrauensbeziehung etablieren will, ist es nicht ratsam, eigene Interessen mit Macht durchzusetzen.

Es gibt nicht die für alle Kooperationsformen geltende richtige Mischung aus Vertrauen, Macht und Verständigung. Im Laufe der Analyse der Vertrauens-, Macht- und Verständigungsprozesse kann sich aber (vielleicht) zeigen, mit welchem dieser Mechanismen in der konkreten Kooperationsbeziehung ein gewünschter Effekt erzeugt werden kann. Genau in dieser situationsabhängigen Schwerpunktsetzung liegt der Clou.

3.4 Gegenseitige Ersetzbarkeit – Wie sich Verständigung, Macht und Vertrauen ersetzen lassen

Für den Prozess des Lateralen Führens ist es besonders interessant, dass sich die Verständigungs-, Macht- und Vertrauensprozesse gegenseitig wenigstens teilweise ersetzen können. Wenn sich Misstrauen in eine Kooperationsbeziehung einschleicht, dann kann es notwendig sein, neue Machtspiele zu entwickeln, mit denen man Dinge vorantreibt. Wenn man sich vertraut, braucht man nicht auch die Denkgebäude des anderen zu verstehen. Man kann in Vorleistung gehen, ohne sich im Einzelnen darüber klar zu sein, was genau den anderen treibt.

Konkret heißt dies, dass das Konzept des Lateralen Führens die Option bietet, nach sogenannten funktionalen Äquivalenten Ausschau zu halten. Man sucht nach Prozessen, die Ähnliches leisten können wie der Prozess, mit dem man im Moment nicht weiterzukommen scheint. Wenn man es mit einem eingefahrenen Machtspiel zu tun hat, kann ein Kooperationspartner durch Diskussionsführung versuchen, geschlossene Denkgebäude zu öffnen und so statt Machtauseinandersetzungen Verständigung zu bewirken. Dies kann entweder dazu führen, dass die Rationalität einer Entscheidung erhöht wird oder dass als Kompromiss neue Spielregeln entstehen. Wenn ein Kooperationspartner erkennt, dass er über Verständigungsprozesse nicht weiterkommt, weil die lokalen Rationalitäten sich zu sehr unterscheiden, kann er über die Hinzuziehung neuer Akteure, durch Tauschbörsen oder durch die Schaffung neuer Regeln andere Machtspiele eröffnen, was eventuell dazu führt, dass eine Seite sich durchsetzen kann.

4 Die Rückbindung an die Formalstruktur von Organisationen

Verständigung, Macht und Vertrauen spielen in jeder sozialen Beziehung eine Rolle. Schaut man sich Familien an, dann kann man beobachten, wie sich (blindes) Vertrauen zwischen den Ehepartnern aufbaut, wie sie beispielsweise bei der Erziehung um Übereinstimmung ringen oder wie mehr oder minder subtile Machtspiele aufgebaut werden, um den Partner dazu zu bringen, das zu tun, was man von ihm erwartet. In Gruppen – Freundeskreisen, Cliquen pubertierender Jugendlicher, Straßengangs, »autonomen« linken politischen Gruppen oder kleineren terroristischen Zusammenschlüssen – kann man beobachten, wie sich Vertrauen (oder Misstrauen) ausbildet, wie um Verständigung gerungen wird und wie sich Machtspiele ausbilden. Selbst bei kleinen, regelmäßigen Zusammentreffen beispielsweise beim Gemüsehändler laufen diese Mechanismen ansatzweise ab: Als treuer Kunde lässt man anschreiben, man versucht zu begreifen, weshalb ein Produkt so viel teurer geworden ist, oder man droht (häufig unausgesprochen) mit dem Wechsel zum neu gegründeten Gemüseladen um die Ecke.

Was ist jetzt das Besondere an der Wirkungsweise von Verständigung, Macht und Vertrauen in Organisationen? Welche

Konsequenzen ergeben sich daraus, dass Laterales Führen in (oder zwischen) Organisationen stattfindet?

In der perfekten Organisation müsste man sich um Macht, Verständigung und Vertrauen keine Gedanken machen. In der perfekten Organisation – so jedenfalls hier das Gedankenspiel – wäre einerseits über die Hierarchie und andererseits über die Bildung von Abteilungen klar definiert, wer in welcher Frage das Sagen hat. Bei eindeutig bestimmten Zuständigkeiten gäbe es keinen Raum für Machtspiele. In der perfekten Organisation wüsste jeder über alles Bescheid, was ihn in seiner Position betrifft, und alle wären sehr gut informiert. Alle würden die Denkweise und Logik der anderen verstehen. Eine Verständigung wäre deswegen nicht mehr nötig. Ferner wäre das Verhalten der anderen in der perfekten Organisation aufgrund der »klaren Strukturen« so vorhersagbar, dass man sich darauf verlassen kann. Es existierten also keine Regelungslücken, die man durch personenbezogenes Vertrauen füllen müsste.

Manager von Unternehmen, Verwaltungen, Krankenhäusern oder Non-Profit-Organisationen streben diesen Idealzustand an – über die permanente Perfektionierung des Regelwerkes, die immer wieder modifizierte Definition von Zuständigkeiten oder durch die häufig von Beratern unterstützte Anpassung der Organisationsstruktur. Der Idealzustand erinnert an das schon von Charly Chaplin im Film »Moderne Zeiten« karikaturhaft dargestellte Bild von Organisationen als Uhrwerk, in dem alle Teile sauber ineinandergreifen.

Dieser Zustand einer »perfekten Organisation« mag im »wertschöpfenden Kern« manches Unternehmens, mancher Verwaltung oder Non-Profit-Organisation wenigstens zeitweise erreichbar sein. Die einzelnen Fertigungsabläufe in der Produktion, die Abarbeitung von Sozialhilfeanträgen, die Essensausgabe an Kranke oder die Versendung von Spendenaufrufen – all das mag manchmal in einem solchen Maße standardisiert sein, dass für Machtspiele, vertrauensbildende Maßnahmen und Verständigungsprozesse weder die Möglichkeit noch die Notwendigkeit besteht. Ein durchstandardisierter »wertschöpfender Kern« kann jedoch nur dadurch entstehen, dass Abteilungen wie Arbeitsvorbereitung, Lagerhaltung oder Personal permanent Unsicherheiten aus der Umwelt absorbieren (vgl. Thompson 1967, S. 21).

Wo immer jedoch in Organisationen Routinen verlassen werden müssen, wo Verhalten nicht vorgeschrieben werden kann, wo man quer zu den Funktionen zusammenarbeitet, wirken Mechanismen von Verständigung, Vertrauen und Macht.

4.1 Die Entstehung von Verständigung, Macht und Vertrauen aus den Strukturen der Organisation

Es wird häufig unterstellt, dass die Geschäftsziele eines Unternehmens, die Vorgaben der Politik oder das beschlossene Programm einer Partei auch die Ziele der entsprechenden Organisationseinheiten determinieren. Man glaubt, durch ein intelligentes Strukturdesign die Oberziele einer Organisation sauber in Unterziele zerlegen zu können, für die sich jeweils ein Team, ein Bereich oder eine Abteilung zuständig fühlen sollte. Abweichungen einzelner Organisationseinheiten von den Geschäftszielen, Vorgaben oder Programmen sind aus dieser Perspektive dann nur als pathologisches Verhalten denkbar, das durch die Hierarchie zu unterbinden ist.

Die Organisationsforschung hat aber schon vor dem Zweiten Weltkrieg die mit dieser Sichtweise verbundenen Einschränkungen verdeutlicht. Selbstverständlich müssen sich die einzelnen Abteilungen – mindestens rhetorisch – auf die

Gesamtziele der Organisation beziehen, ihr Tun wird jedoch in erster Linie von den jeweils individuellen Vorgaben, die die Abteilungen bekommen haben, bestimmt. Für die einzelne Organisationseinheit ist das Erreichen des eigenen Abteilungsziels wichtiger als das Erreichen des Gesamtzieles. Die den Einheiten zugewiesenen Aufgaben bestimmen deren Rationalität – die Kriterien dafür, welches Denken und Handeln als vernünftig angesehen wird. Jede Einheit entwickelt somit sehr spezifische Kriterien für »professionelle Exzellenz«.

Diese sehr spezifischen Kriterien »professioneller Exzellenz« werden von den Mitgliedern der entsprechenden Organisationseinheit verinnerlicht. Kein Organisationsmitglied, so der Nobelpreisträger Herbert A. Simon (1976, S. xvi), könnte über mehrere Monate oder Jahre in einer bestimmten Position in einer Organisation arbeiten, ohne dass tief greifende Auswirkungen darauf entstehen, was es weiß, glaubt und hofft. Wie sehr die in einer Organisation bekleidete Position prägend wirkt, kann man unter anderem daran feststellen, welche Veränderung in Bezug auf Wissen, Auffassungen und Positionen stattfindet, wenn ein Mitglied der Belegschaft auf eine andere Position in der Organisation versetzt wird. Eine Bereichsleiterin, die in ihrer Funktion als oberste Stabsstelle immer auf den homogenen Auftritt des Unternehmens gedrängt hatte, vertritt nach ihrer Versetzung in den operativen Bereich plötzlich überraschend andere Positionen.

Die »lokalen Rationalitäten« bestimmen letztlich maßgeblich die Auffassungen, die von Organisationseinheiten – und den in ihnen wirkenden Personen – vertreten werden. Die einzelnen Organisationseinheiten entwickeln ihre eigenen Auffassungen davon, wie die jeweilige »Wirklichkeit« ist und wie sie selbst darin zu verorten sind. In diese Auffassungen flechten sich dann Interessen dahingehend ein, was die jeweilige Organisationseinheit erreichen oder abwehren will. So entwickelt der Vertrieb eines Unternehmens eine Rationalität, die darauf ausgerichtet ist, möglichst viele Produkte zu verkaufen. Die Frage, zu welchen Preisen diese Produkte produziert werden, wird – wenn überhaupt – nur am Rande mitbedacht. Dagegen ist die Rationalität der Produktionsabteilung vorrangig darauf ausgerichtet, Maschinen und Personal möglichst optimal auszulasten. Die Absetzbarkeit dieser »optimal produzierten Produkte« wird dann aber nicht mehr als eigenes Problem betrachtet.

Kurz: Die häufig gegensätzlichen Auffassungen, Interessen und Positionen innerhalb von Organisationen werden maßgeblich durch deren Struktur geprägt. Strukturen, so Niklas Luhmann (1969, S. 3), leisten eine »permanente Vorselektion« dessen, was in einem Unternehmen, einer Verwaltung, einem Krankenhaus oder einer Non-Profit-Organisation überhaupt möglich ist. Laterales Führen bietet nun die Option, im Rahmen der Organisationsstrukturen Räume für mehr oder minder geschickte Verständigungs-, Vertrauens- und Machtstrategien zu schaffen.

Wie ist jetzt das Verhältnis der drei Einflussmechanismen Macht, Verständigung und Vertrauen zur Formalstruktur der Organisation?

4.2 Die Wirkung von Verständigung, Vertrauen und Macht im Schatten der Formalstruktur

Organisationen haben die Besonderheit, die drei Einflussmechanismen Macht, Vertrauen und Verständigung »formalisieren« zu können (vgl. dazu Luhmann 1964, S. 123 ff.). Es gibt Machtaspekte, die durch die Organisation abgesichert sind. Dazu gehört nicht nur die Hierarchie, sondern auch die Macht, die man über die Hierarchie verliehen bekommt – zum Beispiel der Sonderbeauftragte der Chefin, die Verhandlungsvollmachten eines Außendienstmitarbeiters oder das

Recht einiger weniger Personen, gegen bestimmte Entscheidungen ein Veto einzulegen. Auch Vertrauen lässt sich formalisieren. Neben dem Vertrauen in Personen gibt es auch ein Vertrauen in Organisationen (Organisationsvertrauen) – die Verlässlichkeit, dass Arbeitsverträge gelten, dass Gehälter gezahlt und notfalls eingeklagt werden können oder die Sicherheit, dass von einer bestimmten Abteilung Informationen geliefert werden, weil die Regeln das so vorsehen (vgl. Luhmann 1964, S. 72 f.). Ferner kann Verständigung in Organisationen in einem sehr begrenzten Rahmen angeordnet werden, zum Beispiel durch die Einrichtung von »Regelterminen« zur Abstimmung zwischen zwei Abteilungen.

Die im Konzept des Lateralen Führens wichtigen Einflussmechanismen entfalten ihre Wirkung eher im Schatten der Formalstruktur. Es ist zwar die Formalstruktur, die es den Kooperationspartnern ermöglicht, ihre Machtquellen aufzubauen, abzusichern oder auszubauen – kommt es zu Machtspielen, dann greift man jedoch eher zu kleinen taktischen Spielzügen, um seine eigenen Interessen durchzusetzen. Ähnlich verhält es sich beim Aspekt des Vertrauens. Es hat den Anschein, als wäre persönliches Vertrauen entbehrlich. Mitarbeiter folgen (wenn auch widerwillig) dem Chef, weil es die Organisation so vorsieht, und bis zu einem bestimmten Maß können sich der Chef und die Mitarbeiter darauf verlassen. Man kann damit rechnen, dass man sein Gehalt gezahlt bekommt und ein Arbeitsvertrag Bestand hat, auch wenn die eigene Mentorin die Firma bereits verlassen hat. Im Schatten des Systemvertrauens spielt jedoch das Vertrauen zwischen Personen sehr wohl eine wichtige Rolle in Organisationen. Will der Chef von seinen Mitarbeitern verlangen, dass sie über die reguläre Arbeitszeit hinweg länger bleiben, braucht er das Vertrauen der Mitarbeiter, dass ihr Entgegenkommen irgendwann honoriert werden wird. Will man nicht nur – durch einen Arbeitsvertrag abgesichert – in der Organisation verbleiben, sondern auch Karriere machen, helfen Netzwerke, die auf dem Vertrauen zwischen Personen gegründet sind. Auch Verständigungsprozesse scheinen in Organisationen überflüssig zu sein. Man kann sich erst einmal darauf verlassen, dass Dinge deswegen erledigt werden, weil die Organisation dies verlangt. Aber auch hier laufen im Schatten der Formalstruktur Prozesse ab, in denen man versucht, die Positionen des anderen zu verstehen und seine eigenen Positionen verständlich zu machen.

Das »Paradox des Organigramms« besteht jedoch darin, dass formale Strukturen Probleme generieren, weil sie nicht alle Anforderungen des Alltagsgeschäfts abdecken und deshalb abweichendes informales Verhalten nicht verhindern können (oder dürfen). Regeln, die eigentlich Unsicherheit in der Organisation reduzieren sollen, verlangen tagtäglich Regelabweichungen, die wiederum neue Unsicherheit in die Organisation hineintragen. Die Stabilität, die dadurch entsteht, dass mit Regeln Fixpunkte geliefert werden, an denen sich die Entscheidungen der Organisation orientieren können, wird konterkariert, weil die Abweichungen von diesen Regeln immer schon mitbedacht werden müssen. Die organisatorische Praxis verlangt anpassungsfähige Regeln, von denen gegebenenfalls auch einmal abgewichen werden kann, ohne sie damit insgesamt außer Kraft zu setzen.

Die Bereitschaft zu »im Sinne der Organisation« durchgeführten Regelabweichungen wird immer schon implizit von den Mitarbeitern verlangt. Sie kann aber – und das ist die Besonderheit – nicht über die formalen Sanktionsmöglichkeiten der Hierarchie eingeklagt werden. Und genau aus dieser Diskrepanz zwischen offiziell vorgeschriebenen Handlungsverpflichtungen und real erwartetem Handeln können auch hierarchisch niedrig gestellte Mitarbeiter Macht und Einfluss ziehen: Es entstehen wichtige Ressourcen, die auf den Tauschbörsen der Organisation gehandelt werden. Durch die Mög-

lichkeit (und Notwendigkeit) der selbstständigen Kontrolle
der Arbeitsausführung und durch die funktionale Umdefini-
tion von Aufgaben – darauf hat David Mechanic (1962) bereits
in den 1960er Jahren hingewiesen – entstehen faktische Einflussmöglichkeiten für vermeintlich »machtlose« Mitarbeiter.
Diese Macht-, Vertrauens- und Verständigungsprozesse
können sich auch deswegen ausbilden, weil sie durch die Formalstruktur der Organisation nicht erzwungen, verboten oder
verlangt werden können. In einer Organisation kann »wirk-
liche« Verständigung nicht erzwungen werden. Machtspiele
können nicht gesetzlich verboten werden. Vertrauen zwischen Personen kann nicht über die Hierarchie angeordnet
werden. Gleichzeitig spielen die Formalstrukturen einer Organisation jedoch eine zentrale Rolle dabei, Prozesse zur Aus-
handlung von Macht-, Vertrauens- und Verständigungsfra-
gen in Organisationen nicht überborden zu lassen.

4.3 Verständigung, Macht, Vertrauen – die Begrenzung durch die Einbindung in Organisationen

Organisationen unterscheiden sich von anderen sozialen Ge-
bilden wie Familien oder Freundeskreisen dadurch, dass die
Macht-, Vertrauens- und Verständigungsprozesse durch die
Formalstruktur eingehegt werden (siehe dazu Kühl 2015b).
Demgegenüber gibt es in Familien lediglich einige wenige,
vergleichsweise spät greifende gesellschaftliche Bremsmecha-
nismen besonders in Form des Rechtswesens, die Prozesse der
Macht, des Vertrauens oder der Verständigung einschränken
können. Freundescliquen basieren wegen der vergleichsweise leichten Austrittsmöglichkeiten weitgehend auf Vertrauen
oder Verständigung; Machtverhältnisse bilden sich eher sub-
til aus. Nur beispielsweise im Fall von Gewalteskalation grei-

fen Mechanismen des Rechtssystems. In Organisationen dagegen sind Macht-, Vertrauens- und Verständigungsprozesse deswegen so besonders, weil sie durch deren Formalstruktur reguliert werden.

Die formalen Strukturen einer Organisation unterbinden solche Abstimmungsprozesse, die auf Personenvertrauen basieren. Die Strukturen einer Organisation, an die ihre Mitglieder gebunden sind, solange sie Mitglied bleiben wollen, bieten für alle die Gewähr, dass Befehle befolgt und Routinen angestoßen werden oder Abstimmungen stattfinden, auch wenn man dem Gegenüber als Person nicht vertraut. Ein Blick auf Organisationen in Entwicklungsländern – man denke nur an die Wasserverwaltung in Jordanien, die Telekommunikationsunternehmen auf den Philippinen oder die Stadtentwicklungsgesellschaften im Senegal – zeigt, dass es geradezu als Pathologie einer Organisation gewertet wird, wenn das Personenvertrauen überhand nimmt und die Formalstruktur im Konfliktfall nicht die Oberhand darüber gewinnen kann.

Auch der Mechanismus der Verständigung wird durch die Formalstruktur der Organisation eingehegt. Selbst wenn es den Verfechtern des Mottos »Kommunikation, Kommunikation, Kommunikation« schwerfallen mag zu akzeptieren – Organisationen reduzieren mit ihrer Formalstruktur die Anzahl der Verständigungsprozesse. Sowohl Hierarchen als auch Abteilungsleiter können sich in letzter Konsequenz auf ihre durch die Formalstruktur abgesicherte Position zurückziehen, um Aufforderungen zur Verständigung abzublocken. Die Formalstruktur einer Organisation legt erst einmal fest, wem gegenüber man nicht rechenschafts- oder auskunftspflichtig ist – das ist der Clou. Die Formalstruktur kann also dafür eingesetzt werden, ausufernde Verständigungsprozesse abzukürzen.

Organisationen bilden auf den ersten Blick eine ideale Arena für Machtkämpfe um Ressourcen, Informationen, Zugänge oder Verantwortlichkeiten. Die Formalstruktur von Organisationen bändigt jedoch auch dieses Phänomen: Hierarchien machen die ständige Neuaushandlung von Machtpositionen überflüssig. Im Streitfall kann derjenige, der in der Hierarchie eine höhere Position einnimmt, eine Auseinandersetzung mit Verweis auf die ihm durch die Formalstruktur verliehenen Rechte entscheiden. Es ist also die Formalstruktur der Organisation, die eine ungehemmte Ausdehnung von Machtspielen unterbindet.

5   Wie führt man lateral in Veränderungs- prozessen? Anwendungen des Konzeptes

Machtausübung und Prozesse zur Vertrauensbildung und Verständigung finden in vielerlei Situationen statt: beispielsweise bei bereichsübergreifenden Projekten, entlang der Prozessketten in Unternehmen, in Kollektivorganen wie Unternehmensvorständen oder Betriebsräten, innerhalb der Matrixstruktur von Organisationen oder bei der Abstimmung zwischen Kooperationspartnern unterschiedlicher Organisationen. In all diesen Situationen unterliegt der Einsatz von Macht-, Vertrauens- und Verständigungsmechanismen jeweils eigenen Gesetzmäßigkeiten.

Ein besonderer Anwendungsfall für das Konzept des Lateralen Führens sind Prozesse des geplanten Wandels von Organisationen – also das, was man früher Organisationsentwicklung nannte und was heute häufig auch im deutschsprachigen Kontext hochtrabend als Change Management bezeichnet wird. In vielen Unternehmen oder Institutionen lassen sich Reorganisationen nicht allein über die Hierarchie durchsetzen. Häufig besitzt die Spitze eines Unternehmens gar nicht die Informationen, um eine Anpassung von Organisationsstrukturen vornehmen zu können, und ist deswegen zur Einbindung subalterner Mitarbeiter gezwungen. Es kommt aber auch nicht selten vor, dass die von Beratern ersonnenen und von der Hierarchie abgesegneten neuen Organisationsstrukturen im organisationalen Alltag von den Belegschaftsmitgliedern im operativen Bereich aufgerieben werden und so zu Papiertigern verkommen. Um dem vorzubeugen, werden Mitarbeiter bereits an der Planung von Veränderungsprozessen beteiligt.

Hier greift das Konzept des Lateralen Führens, weil es zwar die zentrale Funktion von Hierarchien in Organisationen anerkennt, auf hierarchische Steuerung aber teilweise verzichtet. Gleichzeitig ist dieser Anwendungsfall besonders problematisch, nicht nur, weil hier die Routinen des alltäglichen Arbeitens beeinflusst werden, sondern vor allem deswegen, weil die Rahmenbedingungen, unter denen kooperiert wird, verändert werden. Der Wandel von Abteilungszuschnitten, hierarchischen Zuordnungen oder Standardprozessen führt auch zu einer Veränderung der lokalen Rationalitäten. Damit verändern sich – wenn auch langsam – sowohl die Denkgebäude als auch die Interessen der Akteure. *Verständigung*sprozesse wandeln sich. Ferner werden durch den Wandel der Formalstruktur die Machttrümpfe neu verteilt. Abteilungen gewinnen oder verlieren Zugänge zu Wissensressourcen, zu wichtigen externen Akteuren oder zu Kommunikationskanälen innerhalb der Organisation. Die Ausgangsbasis für zukünftige *Macht*spiele wird gelegt. Weiterhin gibt es noch keine Erfahrungen mit den geplanten neuen Zuständen der Organisation. *Vertrauen* muss sich unter diesen Bedingungen teilweise erst wieder neu bilden. Für die betroffenen Mitglieder einer Organisation steht bei diesen Reorganisationen also besonders viel auf dem Spiel.

Es wäre naiv, die Planung neuer Organisationsstrukturen einzig und allein mit den Kategorien von Verständigung, Macht und Vertrauen anzugehen. Bei der Planung neuer Organisationsstrukturen – also bei der Entscheidung über die Prämissen zukünftiger Entscheidungen – spielen noch ganz andere Fragen eine Rolle. Es geht auch (und man könnte be-

Eine zugegebenermaßen karikaturhafte Gegenüberstellung unterschiedlicher Ansätze in der Organisationsentwicklung

	Klassische Vorgehensweise im Management von Veränderung	Vorgehensweise im Rahmen des Konzepts des Lateralen Führens beim Management von Veränderung
Phase: Analyse der Ist-Situation	Identifizierung von »Widerständlern« und Entwicklung von Strategien im Umgang mit ihnen.	Verzicht auf das Konzept des »Widerstandes« gegen Wandel. Routinelogik ist, genauso wie Innovationslogik, lediglich eine lokale Rationalität innerhalb der Organisation
Phase: Gestaltung von Interaktionen	Diskursive Aufdeckung der bestehenden Macht-, Verständigungs- und Vertrauensverhältnisse	Akzeptanz der Latenz von Macht-, Verständigungs- und Vertrauensverhältnissen
Phase: Implementierung von Lösungen	Offenhalten von Möglichkeiten lediglich in der Phase der Problemlösung und der Lösungserarbeitung. Danach Schließung der Kontingenz und Umsetzung der verabschiedeten Lösungen	Erhalten der Kontingenz, bis zu Ende gedacht wurde

haupten: vorrangig) darum, wie die Kommunikationswege, die Programme und das Personal der Organisation zukünftig ineinandergreifen sollen, welche Aufgaben zukünftig ausschließlich innerhalb der Organisation und welche in Kooperation mit anderen Organisationen erledigt werden sollen und welche neuen Kooperationsformen sich zwischen den Beteiligten ausbilden sollen. Mit den Kategorien Macht, Vertrauen und Verständigung kann man jedoch einen Einblick in einige Aspekte von Veränderungsprozessen eröffnen.

5.1 Die Ausgangssituation: Die Innovations- und Routinelogiken in Organisationen

Die sich aus den »alten« Organisationsstrukturen ergebenden lokalen Rationalitäten spielen eine wichtige Rolle bei der Analyse von Macht-, Vertrauens- und Verständigungsprozessen im Zuge der Veränderung von Organisationsstrukturen. Die unterschiedlichen Denkgebäude, die die Verständigung untereinander erschweren oder erleichtern, ergeben sich aus den bestehenden Organisationsstrukturen. Das Vertrauen (oder Misstrauen) hat sich auf der Basis dieses Status quo ausgebildet. Machttrümpfe sind häufig das Resultat von Kompetenzzuweisungen innerhalb der Organisation. Diese eher auf den Status quo gerichtete Analyse von Macht-, Vertrauens- und Verständigungsprozessen wird aber noch durch unterschiedliche Logiken in den Veränderungsprozessen ergänzt, erweitert und teilweise sogar überlagert.

Die Befürworter von Veränderungsprozessen in Organisationen arbeiten häufig mit einem relativ einfachen Differenzierungsschema: Auf der einen Seite stehen die »Innovatoren«, die ein Unternehmen, eine Verwaltung oder ein Krankenhaus zu neuen Ufern führen wollen, Personen also, die einem Wandel aufgeschlossen gegenüberstehen. Auf der anderen Seite befinden sich die »Widerständler«, die für den »Status quo« stehen und die Organisation damit um den notwendigen Wandel bringen. Diesen Personen wird häufig eine anerzogene, wenn nicht sogar angeborene Neigung unterstellt, an bekannten Routinen festzuhalten.

Sollen Veränderungsprozesse mit Lateraler Führung gestaltet werden, ist es jetzt jedoch notwendig, mit der gleichen Sorgfalt, mit der beispielsweise die jeweiligen lokalen Rationalitäten von unterschiedlichen Funktionsbereichen rekonstruiert werden, auch die lokalen Rationalitäten von verschiedenen Interessengruppen in Veränderungsprozessen zu analysieren. Erst auf der Basis der Rekonstruktion dieser lokalen Rationalitäten können die Vertrauensroutinen, die Verständigungsprozesse und die Machtspiele verstanden werden. Es fällt dann schnell auf, dass der Drang zum geplanten Wandel keine quasi naturgegebene Notwendigkeit der Organisation ist, sondern dass sich die positive Haltung zum geplanten Wandel vielmehr aus der Position des Betreibers innerhalb der Organisation ergibt.

Die Logik der Innovation wird häufig von bestimmten Bereichen innerhalb von Organisationen vorangetrieben – vom Topmanagement, von den Stabsstellen für Strategie und Organisation und natürlich von den für die Durchführung von Veränderungen eingekauften und an deren erfolgreicher Umsetzung gemessenen Beratern. Diese Personen sind innerhalb der Organisation »Symbole des Wandels« – der »dauernde Hinweis darauf, dass man es auch anders machen könnte« (vgl. Baecker 1999, S. 256). In dieser Logik der Innovation dominieren Vorstellungen von der Veränderung bestehender Routinen, von großen umfassenden Konzepten und von deren konfliktfreier, standardisierter Implementation. Diese Logik der Innovation wird noch verschärft durch die für die »Innovatoren« charakteristischen Vorstellungen »professionellen Arbeitens«, durch monetäre Gratifikationen für »erfolgreich abgeschlossene Wandlungsprozesse« und durch Belohnungen in Form von Karrieresprüngen.

Dem gegenüber steht häufig die Logik von Routinen, die von Organisationsmitgliedern im operativen Bereich verfolgt wird. Ihnen liegt besonders die Stabilisierung der täglichen Arbeitsabläufe beispielsweise in der Materialwirtschaft, in der Produktionssteuerung, in der Fertigung und Montage oder im Vertrieb am Herzen. Ihre Vorstellungen von Professionalität, ihre Gratifikationen und ihre Karrierechancen sind – aller Managementrhetorik des Wandels zum Trotz – zu erheblichen Teilen an die erfolgreiche Aufrechterhaltung dieser Routinen gebunden. Insofern vertreten sie eher eine Logik der inkrementalen Verbesserungen, der Sicherheit der Prozesse und der Beachtung von Bereichsspezifika.

Es gibt keinen Anlass, die Logik der Innovatoren im Vergleich zur Logik der Routine-Vertreter als die bessere einzuschätzen. Die Diskriminierung der Routine-Vertreter als »Widerständler« oder »Low-Performer« mag für die Stabilisierung innerhalb einer Gruppe von Innovatoren vielleicht eine wichtige Rolle spielen, verbaut aber letztlich die Chance, die lokalen Rationalitäten in einem Veränderungsprozess genau zu begreifen und damit Ansatzpunkte für die Verschiebung von Macht-, Vertrauens- und Verständigungsprozessen zu liefern.

Auf dem Terrain der Veränderungsprojekte treffen die Vertreter einer Rationalität der Innovation und die Vertreter einer Rationalität der Routine aufeinander, und es kommt zu einem »Transmissionsspiel« mit den unterschiedlichen Logiken (vgl. Ortmann 1994, S. 64). Erst dieses häufig konfliktreiche »Transmissionsspiel« ermöglicht es, dass die Innovationen nicht ein Hirngespinst von Topmanagern, Stabsstellen oder Beratern bleiben, sondern – wenn auch in veränderter Form – Niederschlag in den alltäglichen Praktiken der Organisation finden.

5.2 Die Besprechungsphase: Die Latenz lateraler Kooperationsbeziehungen

In der Change-Management-Literatur wird häufig eine »schonungslose Analyse« und »diskursive Aufdeckung« der bestehenden Situation in der Organisation gefordert. Erst auf der Basis einer genauen Aufdeckung der Macht-, Vertrauens- und Verständigungsprozesse sei es möglich, gezielt Veränderungsimpulse zu setzen.

Es wird dabei jedoch übersehen, dass diese Prozesse häufig latent sind. Mit Latenz soll nicht vorrangig, wie etwa in der Psychologie Sigmund Freuds, die Unbewusstheit eines Prozesses bezeichnet werden. Es kann sehr wohl sein, dass die Macht-, Vertrauens- und Verständigungsprozesse den beteiligten Kooperationspartnern nicht bewusst sind, viel wichtiger ist jedoch, dass diese Prozesse selbst bei bewusster Wahrnehmung nicht (oder jedenfalls nicht ohne Weiteres) kommuniziert werden können (siehe dazu Luhmann 1984, S. 457 ff.; kompakte Zusammenfassung bei Kühl 2012). Gerade bei Aspekten von Macht, Vertrauen und Verständigung spielt die Kommunikationslatenz häufig eine entscheidende Rolle.

Ein wichtiger Unterschied zwischen der Formalstruktur einer Organisation und den bei Lateraler Führung häufig wirksamen informalen Macht-, Vertrauens- und Verständigungsprozessen besteht in der Möglichkeit beziehungsweise in der Unmöglichkeit, in Diskussionen Bezug darauf zu nehmen. Aspekte der Formalstruktur – die offiziellen Kommunikationswege, die verabschiedeten Programme und die verkündeten Personalentscheidungen – sind in der Regel problemlos ansprechbar. Man kann auf seinen hierarchischen Status verweisen, um eine Entscheidung durchzusetzen, oder sich auf die Zielsetzungen oder Wenn-dann-Regeln der Organisation beziehen. Viele Macht-, Vertrauens- und Verständigungsprozesse laufen jedoch eher auf der informalen Seite der Organisation ab, können sich nicht auf formale Absicherung berufen und sind deswegen nicht ohne Weiteres offen ansprechbar.

Die Kommunikationslatenz hat die Funktion des »Strukturschutzes« für die eher auf der informalen Ebene ablaufenden Macht-, Vertrauens- und Verständigungsprozesse (vgl. Luhmann 1984, S. 459). Der Aufbau von Vertrauen zwischen Personen wird eher behindert, wenn dieses Vertrauen offen ausgesprochen (»Ich vertraue dir«) oder gar offen eingeklagt wird (»Vertrau' mir doch«). Machtspiele verändern sich, wenn sie offen thematisiert werden, und Machtquellen, die nicht durch die Formalstruktur abgesichert sind, können an Wirkung verlieren, wenn sie für alle sichtbar aufgedeckt werden. Auch die informalen Verständigungsprozesse in Organisationen können häufig nur deswegen ablaufen, weil – jedenfalls offiziell – niemand anders davon weiß.

Wie soll mit dieser Latenz vieler Vertrauens-, Macht- und Verständigungsprozesse in Veränderungsprozessen umgegangen werden?

Die existierenden Macht-, Vertrauens- und Verständigungsprozesse zwischen unterschiedlichen Kooperationspartnern lassen sich in der Regel im Gespräch mit lediglich einem dieser Kooperationspartner noch gut erschließen. Selbstverständlich – auch innerhalb einer Abteilung (oder auch beispielsweise in einer Unterredung zwischen einer Beraterin und einer Abteilungsleiterin) ist das Gespräch über die existierenden Vertrauens-, Macht- und Verständigungsprozesse mit anderen Kooperationspartnern häufig nicht ganz einfach, es bestehen aber nicht die gleichen Kommunikationsschwellen wie bei der Anwesenheit eines häufig mit anderen Interessen ausgestatteten externen Kooperationspartners.

Auch unter Kooperationspartnern sind die existierenden Macht-, Vertrauens- und Verständigungsprozesse nur in einem sehr begrenzten Rahmen ansprechbar. Kommunikationslatenz (mit ihrer Funktion als Strukturschutz) bedeutet ja nicht, dass den Beteiligten die ablaufenden Prozesse nicht bewusst sind, sondern lediglich, dass im Gespräch darüber offizielle Erwartungshaltungen verletzt werden. Die Verletzung dieser Latenz hat dann beispielsweise zur Folge, dass das Thematisieren eines besonderen Vertrauensverhältnisses mit einem genervten Gesichtsausdruck quittiert wird oder die Existenz einer nicht durch die Formalstruktur gedeckten Machtquelle geleugnet wird. Die Gestalter von Veränderungsprozessen werden also sehr gut überlegen, ob sie existierende latente Vertrauens-, Macht- oder Verständigungsprozesse aufdecken oder nicht.

Als Berater erhält man deswegen häufig nur dann einen guten Einblick in die vorhandenen Macht-, Vertrauens- und Verständigungsprozesse, wenn man zwischen Gesprächen mit Personen mit weitgehend homogenen Auffassungen (z. B. Vertreter nur einer Abteilung) und Gesprächen mit Personen mit sehr heterogenen Auffassungen (z. B. Vertreter unterschiedlicher Abteilungen oder Organisationen) hin- und herwechseln kann. Gerade beim letztgenannten Gesprächstypus ist das Ansprechen der latenten Macht-, Vertrauens- und Verständigungsprozesse eine riskante Intervention, auf die häufig mit Negierung, Abweisung oder Aggression reagiert wird.

5.3 Zur Anlage von Veränderungsprozessen: Der Nutzen der Kontingenz

Im klassischen zweckrationalen Organisationsmodell, das lange Zeit auch die Organisationsentwicklung dominierte, ist die Anlage von Veränderungsprozessen relativ übersichtlich. Aus einer klaren Definition des Zwecks einer Organisation lasse sich nach einer genauen Bestimmung der Umweltbedingungen das Ziel eines Veränderungsprozesses – die »beste Lösung« für die Organisation – definieren. Unter Beteiligung möglichst vieler Betroffener sei dieses Ziel dann in die durch verschiedene Subeinheiten handhabbaren Unterziele zu zerlegen. Veränderungsprojekte müssten dabei, so die Annahme, in abgrenzbare Projektphasen wie Problemdiagnose, Konzeption, Spezifikation und Implementierung unterteilt werden. Unter einer Phase wird in der Regel ein in sich abgeschlossener Arbeitsabschnitt verstanden, der mit einem überprüfbaren Meilenstein endet.

Diese idealtypisch propagierte Vorgehensweise wird aber häufig in der organisationalen Praxis nicht durchgehalten. Allein die Einigung darauf, was eigentlich die »beste Lösung« ist, ist kompliziert. Die »beste Lösung« fällt in der Regel unterschiedlich aus – je nachdem, aus welcher Perspektive innerhalb der Organisation man auf das vermeintliche Problem schaut. Niemand – auch die Hierarchie nicht – kann »neutral« beurteilen, welche Lösung besser ist als die andere. Selbst wenn offiziell eine gemeinsame Lösung verkündet wird, wird diese oft genug noch in der Implementierungsphase wieder zerrieben, weil sie den existierenden Machtverhältnissen praktisch zum Opfer fällt.

Angesichts solcher Gegebenheiten empfiehlt sich eine Vorgehensweise, die darauf basiert, die »Kontingenz« vergleichsweise lange offenzuhalten. Unter Kontingenz versteht man dabei, dass ein Ereignis nicht zwangsläufig so ist, wie es ist, sondern dass es auch anders möglich wäre (vgl. Luhmann 1973, S. 327). Aus der Analyse eines Problems A ergibt sich nicht zwangsweise die Lösung X, sondern möglicherweise auch die Lösung Y oder die Lösung Z.

Häufig wird der Fehler gemacht, dass frühe Festlegungen getroffen werden, die einer späteren Kooperation im Wege stehen. Durch frühe Festlegungen entstehen zwar Konzepte, zu denen alle Beteiligten Lippenbekenntnisse ablegen, solche Konzepte entpuppen sich dann aber allzu schnell als Planungsruinen.

Die Kontingenz in Veränderungsprozessen kann man darüber sichtbar halten, dass Lösungen lediglich als Erprobungen eingeführt werden. Bei einer Erprobung können mehrere unvollständige, auch widersprüchliche Konzepte gleichzeitig angestoßen werden. Schließlich gehört es zu den Stärken einer Organisation, dass sie auch widersprüchliche Herangehensweisen verkraften kann (siehe ausführlich dazu Kühl 2016).

Der Vorteil der Erprobungen besteht darin, dass sich in einem durch das »Signum der Vorläufigkeit« geschützten Raum neuartige Verständigungs-, Vertrauens- und Machtprozesse entwickeln. Das häufig neu zusammengewürfelte Personal im reorganisierten Feld kann im Rahmen der veränderten Kommunikationswege und Programme Erfahrungen miteinander machen und gegenseitiges Vertrauen (oder auch Misstrauen) entwickeln. Häufig bilden sich durch die wenn auch nur probeweise übernommenen neuen Positionen andere Rationalitäten aus, über die neuartige Verständigungsmöglichkeiten entstehen. Weil sich in dem als Probe ausgeflaggten Kooperationsfeld auch die Machtquellen neu verteilen, können sich auch Machtprozesse zwischen den Kooperationspartnern anders gestalten.

Durch das Ausprobieren verschiedener Lösungen kann die eine oder andere »abstürzen«, wenn sie sich als nicht tragfähig erweist. Eine Lösung kann aber auch durch die Erprobung an Qualität gewinnen, wenn die Umsetzung Erfolg versprechend ist. Manchmal entstehen durch die Erprobung auch neue Stoßrichtungen, die bislang nicht beachtet wurden. Geeignete Lösungen kristallisieren sich heraus.

6 Ausblick – Zusätzliche »Suchfelder« für die Weiterentwicklung des Konzepts des Lateralen Führens

Das Konzept des Lateralen Führens ist in seinen Grundzügen entwickelt. Es wird deutlich, weswegen es sich auf Macht, Vertrauen und Verständigung als zentrale Mechanismen der Einflussnahme stützt, gleichzeitig ist die Liste offen für Erweiterungen. Im Gegensatz zu anderen Führungskonzepten wird deutlich, dass es sich nicht nur um kleine Taktiken im informalen Bereich der Organisation handelt, sondern dass die Rückbindung an die Formalstruktur systematisch entwickelt wird.

Welche Entwicklungslinien des Lateralen Führens zeichnen sich ab? Welche Spezifikationen müssen zukünftig vorgenommen werden? Im Folgenden seien abschließend einige Aspekte aufgeführt, die näher ausgearbeitet werden müssen.

Häufig steht es Organisationen frei, in welchem Ausmaß sie Kooperationsbeziehungen lateral gestalten. Bei der Einrichtung von Fertigungs- und Montageteams kann durch Managemententscheidung festgelegt werden, ob diese aus gleichberechtigten Teammitgliedern bestehen oder ob es in den Teams einen formalen Vorgesetzten gibt. Bei der Aufstellung von Projektteams ist es möglich, eine eher hierarchische oder eine eher laterale Struktur einzurichten, indem man die Weisungsbefugnisse des Projektleiters entsprechend festlegt. Bei

der Aufstellung von gemischten Führungsteams, beispielsweise in der Entwicklungshilfe, gibt es verschiedene Gestal-
tungsmöglichkeiten dahingehend, ob es Weisungsbefugnisse
der ausländischen Experten gegenüber den einheimischen
Mitarbeitern geben soll oder ob einheimische und ausländi-
sche Führungskräfte über »Twinning« hierarchisch gleichge-
stellt werden sollen.

Unter dem Begriff der »Shared Leadership« wird in der
Managementliteratur zurzeit die Einrichtung »lateraler Füh-
rungsstrukturen« als Erfolgsrezept propagiert (vgl. z. B.
Pearce und Sims 2002; Ensley et al. 2003; Carson et al. 2007).
Gerade in Teams, so der generelle Tenor, korreliere der Grad
an formaler Gleichberechtigung – also letztlich »Lateralität«
in den Organisationsstrukturen – positiv mit deren Effektivi-
tät. Hier scheint sich unter einem neuen Begriff eine Renais-
sance alter, hierarchiekritischer Ansätze durchzusetzen.

Unserer Meinung nach gibt es für eine pauschale Propagierung von lateralen Kooperationsbeziehungen keinen Grund.
Vielmehr scheint es unseres Erachtens wichtig zu sein, eine
Entscheidung für laterale oder hierarchische Kooperationsbeziehungen vor dem Hintergrund der organisationalen Situation zu treffen. Welche Effekte auf die Macht-, Vertrauens-
und Verständigungsprozesse zeichnen sich ab? Wie verändern
sich Konfliktlinien durch die Entscheidung für eine laterale
oder hierarchische Kooperationsbeziehung?

Das Konzept des Lateralen Führens wurde in sehr unterschiedlichen Situationen erprobt und beschrieben: beispielsweise in Prozessketten in einem großen internationalen
Telekommunikationskonzern, bei der SAP-Einführung in einem Konzern der Lebensmittelchemie, bei der Durchführung komplexer Bauvorhaben durch Immobilienfonds, bei
der Abstimmung zwischen Produktmanagern und Content-
Entwicklern bei einem weltweit agierenden Internetunter-
nehmen, aber auch bei Absprachen zwischen den Betriebsrä-

ten in einem internationalen Großkonzern oder Beschlüssen an der Spitze einer großen Partei.

Bei der Analyse wurde deutlich, dass zwar in all diesen Prozessen einerseits die Weisungskraft der Hierarchie nicht ausreiche, um Prozesse in Gang zu setzen oder auch nur maßgeblich zu entscheiden, dass aber andererseits die Hierarchie nach wie vor als Referenzpunkt dient. Auch wenn laterale Kooperationspartner zurückhaltend damit sind, die Hierarchie einzuschalten, so sind doch der Ablauf von Machtspielen, der Aufbau von Vertrauensverhältnissen und die Verständigungsprozesse (auch) durch die prinzipiell mögliche Einschaltung der Hierarchie geprägt.

Daraus ergibt sich sowohl für die anwendungsorientierte Wissenschaft als auch für Praktiker eine Reihe von Fragen in Bezug auf die Einbindung von Hierarchie beim Einsatz der Mechanismen Macht, Vertrauen und Verständigung. Wie wird in Prozessen des Lateralen Führens innerhalb einer Organisation auf Hierarchie Bezug genommen? Der Einsatz welcher Analyse- und Interventionsinstrumente des Lateralen Führens eignet sich auch bei der Führung von oben nach unten? Was verändert sich, wenn diese Herangehensweise bei der »Unterwachung« – der »Kunst, Vorgesetzte zu leiten« – eingesetzt wird?

Laterales Führen kommt häufig dann zur Anwendung, wenn Kooperationspartner unterschiedlicher Unternehmen koordiniert werden müssen. Man nehme als Beispiel Automobilkonzerne, die versuchen, ihre Systemzulieferer dazu zu bringen, bei der Entwicklung von neuen Produkten in Vorleistung zu gehen; die Koordination von Netzwerken zwischen Hochschulinstituten und kleinen Produktionsunternehmen in der Nanotechnologie oder die Steuerung mehrerer Wachstumsunternehmen durch einen Risikokapitalgeber.

Die Rahmenbedingungen für den Prozess des Lateralen Führens mit Beteiligten unterschiedlicher Organisationen unterscheiden sich grundlegend von Prozessen des Lateralen Führens innerhalb einer Organisation (siehe dazu Well 1996). Innerhalb eines Unternehmens, einer Verwaltung, eines Krankenhauses oder einer Non-Profit-Organisation schimmert immer, wenn auch nur von Ferne, die Hierarchie durch. Dies ist bei lateralen Beziehungen zwischen Organisationen nicht der Fall, hier sind die Rahmenbedingungen des Lateralen Führens viel stärker durch die Verträge zwischen den Unternehmen beeinflusst, ohne dass jedoch alle Aspekte der Kooperation vertraglich geregelt werden können (siehe dazu Sydow et al. 1997).

Dementsprechend ist es für den Prozess des Lateralen Führens zwischen Organisationen notwendig, mit einem ganz eigenen Fragenkatalog zu arbeiten: Welche Exit-Möglichkeiten hat ein Kooperationspartner in der Beziehung? Würden sich Konflikte mit anderen Kooperationspartnern in der gleichen Rolle ähnlich oder anders gestalten? Wie hoch ist das Eskalationspotenzial der verschiedenen Konfliktpartner?

Literaturverzeichnis

Baecker, Dirk (1999): Organisation als System. Frankfurt
a. M.: Suhrkamp.

Blau, Peter M.; Scott, W. Richard (1962): Formal Organizations. San Francisco: Chandler.

Borges, Jorge Luis (1999): The Analytical Language of
John Wilkins. In: Jorge Luis Borges (Hg.): Selected Non-
Fictions. New York: Penguin, S. 229–232.

Burns, Tom; Stalker, George M. (1961): The Management of
Innovation. London: Tavistock.

Carson, Jab Y.; Tesluk, Paul E.; Marrone, Jennifer A. (2007):
Shared Leadership in Teams. An Investigation of
Antecedent Conditions and Performance. In: *Academy of
Management Journal* 50, S. 1217–1234.

Crozier, Michel; Friedberg, Erhard (1977): L'acteur et le
système. Paris: Seuil.

Dixit, Avinash K.; Nalebuff, Barry J. (1997): Spieltheorie für
Einsteiger. Strategisches Know-how für Gewinner. Stuttgart: Schäffer-Poeschel.

Ensley, Michael D.; Pearson, Allison; Pearce, Craig L. (2003):
Top Management Team Process, Shared Leadership, and
New Venture Performance. A Theoretical Model and Re-

search Agenda. In: *Human Resource Management Review* 13, S. 329–346.

Fisher, Roger; Sharpe, Alan (1998): Getting it Done. How to Lead When You're Not in Charge. New York: Harper Business Press.

Friedberg, Erhard (1993): Le pouvoir et la règle. Paris: Seuil.

Gebhardt, Eike (1991): Abschied von der Autorität. Die Manager der Postmoderne. Wiesbaden: Gabler Verlag.

Hahn, Alois (1983): Konsensfiktionen in Kleingruppen. Dargestellt am Beispiel von jungen Ehen. In: Friedhelm Neidhardt (Hg.): Gruppensoziologie. Perspektiven und Materialien. Opladen: WDV (Kölner Zeitschrift für Soziologie und Sozialpsychologie, Sonderheft 25), S. 210–233.

Handy, Charles (1989): The Age of Unreason. Boston: Harvard Business School Press.

Höhler, Gertrud (2005): Warum Vertrauen siegt. Berlin: Ullstein.

Janowitz, Morris (1959): Changing Patterns of Organizational Authority. The Military Establishment. In: *Administrative Science Quarterly* 3, S. 473–493.

Kieser, Alfred; Leiner, Lars (2009): On the Impossibility of Collaborative Research – and on the Usefulness of Researchers and Practitioners Irritating each Other. Mannheim: Unveröff. Ms.

Klimecki, Rüdiger (1984): Laterale Kooperation. Grundlagen eines Analysemodells horizontaler Arbeitsbeziehungen in funktionalen Systemen. Bern: Paul Haupt.

Kühl, Stefan (2003): Das Theorie-Praxis-Problem in der Soziologie. In: *Soziologie* 32, S. 7–20.

Kühl, Stefan (2009): Ein soziologisch inspiriertes Managementkonzept. Das Realexperiment des »Lateralen Führens«. In: *Sozialwissenschaften und Berufspraxis* 32, S. 292–314.

Kühl, Stefan (2011a): Organisationen. Eine sehr kurze Einführung. Wiesbaden: VS Verlag für Sozialwissenschaften.

Kühl, Stefan (2012): Zum Verhältnis von Macht und Hierarchie in Organisationen. In: Bianka Knoblauch, Torsten Oltmanns, Ivo Hajnal und Dietmar Fink (Hg.): Macht in Unternehmen. Der vergessene Faktor. Wiesbaden: Gabler, S. 165–184.

Kühl, Stefan (2015a): Das Regenmacher-Phänomen. Widersprüche im Konzept der lernenden Organisation. 2. Aufl. Frankfurt a. M., New York: Campus.

Kühl, Stefan (2015b): Gruppen, Organisationen, Familien und Bewegungen. Zur Soziologie mitgliedschaftsbasierter sozialer Systeme zwischen Interaktion und Gesellschaft. In: Bettina Heintz und Hartmann Tyrell (Hg.): Interaktion – Organisation – Gesellschaft revisited. Sonderband der Zeitschrift für Soziologie. Stuttgart: Lucius & Lucius, S. 65–85.

Kühl, Stefan (2015c): Sisyphos im Management. Die vergebliche Suche nach der optimalen Organisationsstruktur. 2. Aufl. Frankfurt a. M., New York: Campus.

Kühl, Stefan (2015d): Wenn die Affen den Zoo regieren. Die Tücken der flachen Hierarchien. 6. Aufl. Frankfurt a. M., New York: Campus.

Kühl, Stefan (2016): Projekte führen. Eine sehr kurze organisationstheoretisch informierte Einführung. Wiesbaden: Springer Gabler.

Kühl, Stefan; Matthiesen, Kai (2012): Wenn man mit Hierarchie nicht weiterkommt. Zur Weiterentwicklung des Konzepts des Lateralen Führens. In: Sven Grote (Hg.): Die Zukunft der Führung. Wiesbaden: Springer Gabler, S. 531–556.

Kühl, Stefan; Schnelle, Thomas (2009): Führen ohne Hierarchie. Macht, Vertrauen und Verständigung im Prozess des Lateralen Führens. In: *Organisationsentwicklung* 2, S. 51–60.

Kühl, Stefan; Schnelle, Thomas; Schnelle, Wolfgang (2004a): Führen ohne Führung. In: *Harvard Business Manager* 1, S. 71–79.

Kühl, Stefan; Schnelle, Thomas; Tillmann, Franz-Josef (2004b): Lateral Leadership. An Organizational Approach to Change. In: *Journal of Change Management* 5, S. 177–189.

Kühl, Stefan; Schnelle, Wolfgang (2003): Laterales Führen. In: Campus (Hg.): Campus Management. Band 1. Frankfurt a. M., New York: Campus, S. 236–238.

Kühl, Stefan; Schnelle, Wolfgang (2005): Laterales Führen. In: Jens Aderhold, Matthias Meyer und Ralf Wetzel (Hg.): Modernes Netzwerkmanagement. Anforderungen – Methoden – Anwendungsfelder. Wiesbaden: Gabler, S. 185–212.

Lawrence, Paul R.; Lorsch, Jay W. (1967): Organization and Environment. Managing Differentiation and Integration. Homewood: Irwin.

Luhmann, Niklas (1964): Funktionen und Folgen formaler Organisation. Berlin: Duncker & Humblot.

Luhmann, Niklas (1968): Vertrauen. Stuttgart: Lucius & Lucius.

Luhmann, Niklas (1969): Unterwachung. Oder die Kunst, Vorgesetzte zu lenken. Bielefeld: Unveröff. Ms.

Luhmann, Niklas (1971): Zweck – Herrschaft – System. Grundbegriffe und Prämissen Max Webers. In: Niklas Luhmann (Hg.): Politische Planung. Opladen: WDV, S. 90–112.

Luhmann, Niklas (1973): Zurechnung von Beförderungen im öffentlichen Dienst. In: *Zeitschrift für Soziologie* 2, S. 326–351.

Luhmann, Niklas (1975): Macht. Stuttgart: Enke.

Luhmann, Niklas (1984): Soziale Systeme. Frankfurt/M: Suhrkamp.

Luhmann, Niklas (2002): Das Erziehungssystem der Gesellschaft. Frankfurt a. M.: Suhrkamp.

March, James G. (2015): The First 50 Years and the Next 50 Years of A Behavioral Theory of the Firm. An Interview With James G. March. In: *Journal of Management Inquiry* 24, S. 149–155.

Mayer, Roger C.; Davis, James H.; Schoorman, F. David (1995): An Integrative Model of Organizational Trust. In: *The Academy of Management Review* 20, S. 709–734.

Mayntz, Renate (1992): Modernisierung und die Logik von interorganisatorischen Netzwerken. In: *Journal für Sozialforschung* 32, S. 19–31.

Mechanic, David (1962): Sources of Power of Lower Participants in Complex Organizations. In: *Administrative Science Quarterly* 7, S. 349–364.

Nieder, Peter (2013): Erfolg durch Vertrauen. Abschied vom Management des Mißtrauens. Wiesbaden: Gabler.

Ortmann, Günther (1994): Formen der Produktion. Organisation und Rekursivität. Opladen: WDV.

Pearce, Craig L.; Sims, Henry P. (2002): Vertical Versus Shared Leadership as Predictors of the Effectiveness of Change Management Teams: An Examination of Aversive, Directive, Transactional, Transformational, and Empowering Leader Behaviors. In: *Group Dynamics* 6, S. 172–197.

Peters, Tom (1993): Jenseits der Hierarchien. Liberation Management. Düsseldorf: Econ.

Rapoport, Anatol; Chammah, Albert M. (1965): Prisoner's Dilemma. A Study in Conflict and Cooperation. Ann Arbor: University of Michigan Press.

Schoorman, F. David; Mayer, Roger C.; Davis, James H. (2007): An Integrative Model of Organizational Trust: Past, Present, and Future. In: *The Academy of Management Review* 32, S. 344–354.

Schreyögg, Georg; Conrad, Peter (Hg.) (1994): Management-forschung 4. Berlin, New York: Walter de Gruyter.

Simon, Herbert A. (1976): Administrative Behavior. A Study of Decision Making Processes in Adminstrative Organizations. New York: Free Press.

Simpson, Richard L. (1959): Vertical and Horizontal Communication in Formal Organizations. In: *Administrative Science Quarterly* 4, S. 188–196.

Sprenger, Reinhard K. (2002): Vertrauen führt. Frankfurt a. M., New York: Campus.

Strauss, George (1962): Tactics of Lateral Relationship: The Purchasing Agent. In: *Administrative Science Quarterly* 7, S. 161–186.

Sydow, Jörg; Well, Bennet van; Windeler, Arnold (1997): Networked Networks: Financial Services Networks in the Context of Their Industry. In: *International Studies of Management & Organization* 27, S. 47–75.

Thompson, James D. (1967): Organizations in Action. New York: McGraw-Hill.

Walton, Richard E. (1966): Theory of Conflict in Lateral Organizational Relationships. In: *Operational Research and the Social Sciences*, S. 409–428.

Well, Bennet van (1996): Ressourcenmangement in strategischen Netzwerken. In: Hans H. Hinterhuber, Ayad Al-Ani und Gernot Handlbauer (Hg.): Das Neue Strategische Management. Wiesbaden: Gabler Verlag, S. 159–185.

Wunderer, Rolf (1974): Lateraler Kooperationsstil. In: *Personal* 8, S. 166–170.

Yukl, Gary A.; Falbe, Cecilia (1990): Influence Tactics and Objectives in Upward, Downward, and Lateral Influence Attempts. In: *Journal of Applied Psychology* 75, S. 132–140.

Zündorf, Lutz (1986): Macht, Einfluss, Vertrauen und Ver-
    ständigung. Zum Problem der Handlungskoordinierung
    in Arbeitsorganisationen. In: Rüdiger Seltz, Ulrich Mill
    und Eckart Hildebrandt (Hg.): Organisation als soziales
    System. Berlin: Edition Sigma, S. 33–48.

Lektürehinweise – für ein organisationstheoretisch informiertes Verständnis von Organisationen

Unser Anspruch ist es, für Praktiker, die sich für einen organisationstheoretisch informierten Zugang zu Organisationen interessieren, ein umfassendes Angebot an aufeinander Bezug nehmenden Texten zur Verfügung zu stellen. Im Einzelnen besteht dieses Angebot aus folgenden Bausteinen:

Eine grundlegende Einführung in ein systemtheoretisches Verständnis von Organisationen

Kühl, Stefan (2011): *Organisationen. Eine sehr kurze Einführung.* Wiesbaden: VS Verlag für Sozialwissenschaften.

Grundlegend zur Rolle von Macht, Verständigung und Vertrauen in Organisationen

Kühl, Stefan (2016): *Laterales Führen. Eine kurze, organisationstheoretisch informierte Handreichung zu Macht, Vertrauen und Verständigung.* Wiesbaden: Springer VS.

Anwendungen auf verschiedene Anlässe in Organisationen

Kühl, Stefan; Muster, Judith (2015): *Organisationen gestalten. Eine kurze organisationstheoretisch informierte Handreichung.* Wiesbaden: Springer VS.

Kühl, Stefan (2016): *Leitbilder erarbeiten. Eine kurze organisationstheoretisch informierte Handreichung.* Wiesbaden: Springer VS.

Kühl, Stefan (2016): *Strategien entwickeln. Eine kurze organisationstheoretisch informierte Handreichung.* Wiesbaden: Springer VS.

Kühl, Stefan (2016): *Märkte explorieren. Eine kurze organisationstheoretisch informierte Handreichung.* Wiesbaden: Springer VS.

Kühl, Stefan (2016): *Projekte führen. Eine kurze organisationstheoretisch informierte Handreichung.* Wiesbaden: Springer VS.

In den nächsten Jahren kommen in der Reihe Springer Essentials jeweils noch kurze organisationstheoretisch informierte Einführungen zu Interaktionsarchitekturen (z.B. Workshops, Großkonferenzen, Webkonferenzen) und zu Tätigkeiten in Organisationen (z.B. Managen, Führen, Beraten, Moderieren, Präsentieren, Evaluieren, Vergleichen) hinzu.

Organisationstheoretisch informierte Einmischungen in die aktuellen Managementdiskussionen

Kühl, Stefan (2015): *Wenn die Affen den Zoo regieren. Die Tücken der flachen Hierarchien.* 6., aktual. Aufl., Frankfurt a. M., New York: Campus.

Kühl, Stefan (2015): *Das Regenmacher-Phänomen. Widersprüche im Konzept der lernenden Organisation.* 2., aktual. Aufl., Frankfurt a. M., New York: Campus.

Kühl, Stefan (2015): *Sisyphos im Management. Die vergebliche Suche nach der optimalen Organisationsstruktur.* 2., aktual. Aufl., Frankfurt a. M., New York: Campus.

Überblick über die zentralen Bücher und Artikel der Organisationsforschung

Kühl, Stefan (Hg.) (2015): *Schlüsselwerke der Organisationsforschung.* Wiesbaden: Springer VS.

Überblick über quantitative und qualitative Methoden zum Verständnis von Organisationen

Kühl, Stefan; Strodtholz, Petra; Taffertshofer, Andreas (Hg.) (2009): *Handbuch Methoden der Organisationsforschung.* Wiesbaden: VS Verlag für Sozialwissenschaften.

Englische Fassungen werden zu allen diesen Beiträgen entstehen oder sind bereits entstanden. Unveröffentlichte Vorfassungen können unter quickborn@metaplan.com angefordert werden.

Printed in the United States
By Bookmasters